地球密码

文明的来路和去途

林南 —— 编著

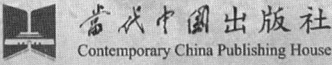

图书在版编目（CIP）数据

地球密码：文明的来路和去途 / 林南编著. -- 北京：当代中国出版社，2024.6
ISBN 978-7-5154-1355-6

Ⅰ.①地… Ⅱ.①林… Ⅲ.①文化史—世界—通俗读物 Ⅳ.①K103-49

中国国家版本馆CIP数据核字（2024）第066036号

出 版 人	王　茵
责任编辑	陈　莎　周显亮
责任校对	康　莹
印刷监制	刘艳平
封面设计	明翊书业
出版发行	当代中国出版社
地　　址	北京市地安门西大街旌勇里8号
网　　址	http://www.ddzg.net
邮政编码	100009
编 辑 部	（010）66572180
市 场 部	（010）66572281　66572157
印　　刷	三河市国新印装有限公司
开　　本	710毫米×1000毫米 1/16
印　　张	15印张　1插页　199千字
版　　次	2024年6月第1版
印　　次	2024年6月第1次印刷
定　　价	68.00元

版权所有，侵权必究；如有印装质量问题，请拨打（010）66572159联系出版部调换。

序
PREFACE

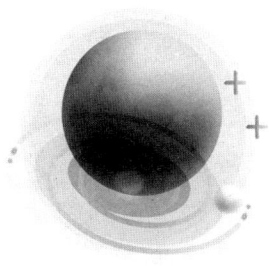

  由于职业的关系，我有缘见识到本省学者林南最近写的一部书稿《地球密码：文明的来路和去途》。对林南同志我不算太熟，我在江西省新余市担任分管文教的副市长时，他担任新余市科协主席、社联主席。后来，他调市委宣传部工作，我俩有过工作上的接触。他退休后担任新余市老科技工作者协会副会长，因为一起参与省科协决策咨询课题研究的缘故，我和他又有过联系。过去有人著书想请我作序，我一般婉辞。这次是个例外，主要是我被作者孜孜不倦致力文明问题探索的精神所感动。

  文明问题是一个大课题。提高人类文明素质是全球未来发展的基石，也是地球文明发展的必由之路。

  这个世界为什么会有那么多的灾难？为什么会出现那么多的伤害，那么多的痛苦？我觉得，有很大的原因是现阶段人类群体的素质较低，不懂得如何关爱自己的同胞，不懂得如何关爱自己赖以生存的地球。人类由于长期处于追求物质享受的氛围之中，缺失了道德底线的约束，世界许多地方已经处于失道的状态。比如资本主义制度下的西方社会，只注重财富的扩张和欲望的满足，给自己和人类带来不安，将整个世界拖进深渊。又如现代人精神上的隔阂与冷漠，使我们异化了人的社会性本质，面对各种各样的困惑和挑战，人们更倾向于蜷缩在一个个钢筋水泥构建的囹圄中迷惘。

因此，开阔人的胸怀，提升人类群体的智慧，养成高尚的道德情操，形成个体的自我文明和群体的共同文明，既是人类的终极使命，也是当今世界社会发展的当务之急。培育文明非一日之功，亦非一人之力，文明社会的构建需要一代代人的持续努力，一点点积累，一步步提高。

2020年，蔓延全球的新型冠状病毒感染让人类觉醒，人们意识到文明德行的重要性。西方社会奉行的以"损人利己、野蛮掠夺"为特征的世界秩序正在没落，而中华文明所主导的以"和平共处、合作共赢"为特征的新文明正走近世界舞台的中央。中医有三个层次：下医医病，中医医人，上医医国。当今世界处于百年未有之大变局，需要"大医医世界"。各国人民应当冷静下来，超越思维定式，去发现并解决问题，摈弃陈腐落后的旧秩序，重建富有生机活力的新秩序。

中国乃礼仪之邦，有着5000多年的文明史。近代学者辜鸿铭在《中国人的精神》一书中说，中国人精神的三大特征是深沉、博大和淳朴（deep, broad and simple）。这三个词似乎都不是我们现在赞扬人常用的词汇，因为我们早已不看重一个人是否深沉、博大和淳朴。没有哪个求职的大学毕业生会把这几个词语写在自己的简历上。对这些词语的漠视恰恰表现出我们对这些词语所蕴含的优良品质的遗弃，而这些词语的反义词——浮躁、狭隘和伪善，倒成了很多人的真实写照。

写书是件苦事，没有孜孜不倦、深沉执着的精神是很难著书立说的，更何况现在呈现在我面前的是这样的一本书。我没想到曾担任行政领导职务的林南同志能够写出这样一本书。这是一本跨学科、牵涉广的综合性读物。它站在自然的角度、宇宙的角度来看人类文明，纵论地球文明发展的前世今生，把宇宙文明、人类史前文明、古代文明、近代文明和现代文明串联起来，于平实中显新奇，于细微中见整体，给人以阅读的畅快和思想的启发。在我看来，本书至少有四个特点。

第一是立意高远。书中贯穿了一个主题：提升文明素质是全人类的当务之急。这不仅是每一个人的责任，更关乎人类的前途与命运。

第二是观点前卫。书中提道：地球文明只不过是宇宙文明的一个组成部分；人类古代文明、近代文明、现代文明都是史前文明的一种延续；人类文明面临着前所未有的困惑；中华文明将引领世界文明；地球文明将走向星际文明新时代……这些观点都大胆而前卫，在国内鲜有人如此系统地进行阐述。

第三是信息丰富。从宇宙到地球，从远古到现代，从社会科学到自然科学，从物质到精神……书中简洁而通俗地介绍了大量社会、自然、科技、历史、地理、文化等方面的知识，是一部浓缩版的科普读物。可谓包罗万象，一览无遗。

第四是引人入胜。本书以充满科学精神和人文关怀的语言，穿插了许多故事情节，引证了许多典籍资料，列举了许多具体证据，配上了许多相关插图，加上合乎情理的推理、风趣幽默的表述，构成了一幅幅引人入胜的画面，让人在不经意间受到感染、为之叹服。

毛泽东同志在《贺新郎·读史》一词中写道："人猿相揖别。只几个石头磨过，小儿时节。"人类社会发展到现在，只是刚刚脱离蒙昧野蛮状态，进入文明状态的开始。人类文明也只是刚刚进入初级阶段。我同意书中的观点，当今人类文明虽然发展很快，发展的程度也超乎想象，但从长远来看，人类几千年文明史只是地球文明历史中的一段复苏过程。人类文明发展今后的路程更长，任务更艰巨，剧情更精彩。

我很乐意向广大读者推荐《地球密码：文明的来路和去途》，因为这是一本开阔视野、增长知识、提升文明、丰富人生的读物。开卷有益，你有可能会因此受益终生。在倡导"全民阅读"的今天，这本书将发挥积极作用，给读者提供一道饱含科学和文化的精神大餐。

是为序。

江西省科学技术协会主席
农工党江西省委会主委　　史　可
2021年5月20日

目 录
CONTENTS

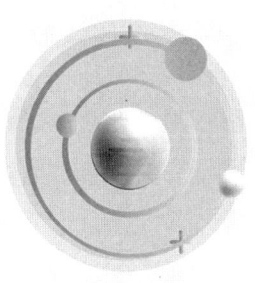

引　言 // 001

第一章　地球文明在宇宙文明中的地位 // 005
　　第一节　宇宙和宇宙文明……………………006
　　第二节　地球并不孤独………………………011
　　第三节　星际文明的传播……………………016
　　第四节　地球文明的起源……………………025

第二章　史前文明的证据 // 031
　　第一节　遗迹遗存……………………………032
　　第二节　神话密码……………………………040
　　第三节　人类基因改造………………………047
　　第四节　黄金时代……………………………057

第三章　失落的史前文明 // 065
　　第一节　玛雅文明……………………………066
　　第二节　印度远古文明………………………071
　　第三节　亚特兰蒂斯：消失的大陆…………075
　　第四节　大洪水的浩劫………………………079

第四章　地外文明的影响 // 087

第一节　UFO访问 ································ 088
第二节　监护与救助 ······························ 098
第三节　麦田怪圈之谜 ···························· 108

第五章　地球文明的复苏 // 117

第一节　人类文明古国 ···························· 118
第二节　文明发展的重要节点 ···················· 125
第三节　科技文明之光 ···························· 139
第四节　中华文明源远流长 ······················· 148

第六章　地球文明发展的困惑 // 157

第一节　自私与扩张 ······························ 158
第二节　战争与博弈 ······························ 165
第三节　精神文明的落差 ·························· 172

第七章　地球文明的发展趋势 // 177

第一节　科技进步的前景 ·························· 178
第二节　精神灵性的主导 ·························· 187
第三节　中华文明的引领作用 ···················· 193

第八章　地球文明的归宿 // 201

第一节　地球保护与资源共享 ···················· 202
第二节　人类命运共同体 ·························· 210
第三节　跨入星际文明新时代 ···················· 217

参考书目 // 225

后　记 // 227

引 言

人类赖以生存的地球,文明是如何诞生、繁衍、发展的?在地球文明发展历程中,我们是谁?我们从哪里来?要到哪里去?这些问题可以说是每个地球人都关心的。从自然角度和宇宙角度来看人类文明,这就是本书所要探讨的地球文明的核心。地球文明是走向毁灭还是继续发展?这个问题似乎对今天的人类而言十分遥远。地球的寿命很大程度上取决于太阳,而太阳还有50多亿年的寿命。若太阳毁灭,太阳系自然毁灭。谁有心思去想那些极为遥远的事情呢?但问题是:地球文明的过去、现在和未来,关乎我们作为地球文明主体的每一个人,只要你是这个"地球村"的一员,你就不能置身其外。理由有三:

其一,地球文明是怎样发展到现在这个样子的,你应该有知情权。除非你对"我们从哪里来"之类的问题完全漠不关心,也不好奇。

其二,地球文明现在处于什么阶段、出现什么状况,与你有

从宇宙角度看地球

切身的利害关系。美国著名气象学家爱德华·罗伦兹（Edward N. Lorenz）提出的"蝴蝶效应"理论认为："一只南美洲亚马孙河流域热带雨林中的蝴蝶，偶尔扇动几下翅膀，可以在两周以后引起美国得克萨斯州的一场龙卷风。"可见，当今世界上发生的每一件事可能都与你有关。

其三，地球文明的发展走向、发展快慢与每个国家、每个地区、每个组织甚至每个人都有关。地球文明发展近期将面临的事情不消说，即使是极端的说法，地球文明终将在遥远的某一天走向毁灭。要想避免地球文明的毁灭，这对当今和未来的人类来说，任务是既艰巨且紧迫的。因为人类越来越认识到自己的落后与不足，越来越感觉到自己的羸弱与渺小，越来越感觉到大自然给人类的时间远远不够。

我们只有朝夕不息、争分夺秒地努力开阔我们的视野，提升我们的文明，发展我们的科技，完善我们的思维，才有可能创造必要的条件、达到必要的高度，才能给地球文明的留存和延续带来些许希望！

"文明"一词最早出现在中国先秦时期的典籍中。《周易·文言》云："见龙在田，天下文明。"《尚书·舜典》云："睿哲文明，温恭允塞。"唐代孔颖达[①]对《尚书》中"文明"一词的解释是："经天纬地谓之文，照临四方谓之明。""经天纬地"意为改造自然，属物质文明；"照临四方"意为驱走愚昧，属精神文明。人类从蒙昧、野蛮走向文明，意味着人类社会从低级走向高级，从自在走向自为，从必然走向自由，从混沌走向有序。地球文明是人类产生以来沉淀下来的、有益提高对客观世界适应和认知的、符合客观规律的、能被绝大多数人认可和接受的发明创造、人文精神以及公序良俗的总和。

地球文明发展的动力是什么？是作为个体的人，是作为群体的人民群众，是整合人类智力和体力资源的机制。但归根结底是每个人所具有的好

---

① 孔颖达（574—648），字冲远，冀州衡水人。唐朝经学家，孔子第31世孙。唐时任国子监祭酒，奉唐太宗命编纂《五经正义》，该书是集魏晋南北朝以来经学大成的著作。

奇心！人类的天性是好奇，总在思索着自身的来历和周边自然界，不断深入思考自身在时空和人文环境中的定位，不断深入探索未知世界。正如科学泰斗爱因斯坦所说："我没有别的天赋，我只有强烈的好奇心；我没有什么别的才能，不过喜欢寻根究底地追问罢了。"美籍华人科学家丁肇中说："基础研究的原始动力是好奇心。"习近平总书记也说："科学研究特别是基础研究的出发点往往是科学家探究自然奥秘的好奇心。"[①]正是这种好奇心和探索精神，推动着人类在认识自然、改造自然的实践中走向文明与进步。好奇心的本质是变未知为知之，它既有异想天开的特征，又是开启能力的钥匙，更是激发成功的动力。宇宙的发展要求人们逐步认识宇宙，人们在社会中的不同地位和作用构成了人们不同层次的好奇心，多种多样的好奇心构成了对未知世界总探索的自然分工，从而促进人类对宇宙的认识和地球文明本身的不断发展。

事实上，地球文明问题已成为越来越多的人关注和重视的问题。

2019年春节期间，科幻片《流浪地球》上映，很快就成为非英语影片全球总票房第二的电影，不但受到国内观众的热捧，也得到了国外影视界的好评。这部电影讲述了这样一个故事：太阳急速膨胀，即将把整个太阳系熔化，地球人类危在旦夕，人类利用科技和人文的力量，把整个地球当作一艘行星飞船，推出原有轨道，向近邻半人马座阿尔法星进发。这部影片引起了人们对人类命运、地球命运关注的又一波热情。

从地球角度来看，人类和所有动物共同生存于地球之上。除了人类之外，在其他众多动物之中，或许也会有某些动物已经产生了某种类似人类文明品质和属性的东西，只是由于人类始终无法与其他众多的动物进行沟通和交流，所以，它们并不为人类所知晓和理解。而且，人类在数万年间与其他灵长类动物分道扬镳，特别是最近数千年以来拥有了卓越的意识能

---

① 习近平：《在科学家座谈会上的讲话》，《人民日报》2020年9月12日。

力、智慧优势。然后，又通过运用这些意识能力和智慧优势，卓有成效地积累、提升、扩展自己的文明成果，形成了地球上特有的、辉煌的人类文化与文明。人类卓越的意识能力和智慧优势，是众多其他动物望尘莫及的；人类文明成果，是其他任何动物不能相提并论的。因此，从地球角度来看，地球文明就是人类文明。

从宇宙角度来看，宇宙中有数以千亿计的类似太阳的恒星。即使只从一个模糊不清的数学概率推测，宇宙中也一定存在与地球类似的文明。仅地球所在的银河系就有像太阳系这样的恒星系2000亿个，即便按亿分之一的概率来计算，银河系也应该有2000个有文明产生的星球。而宇宙中又有数万亿个像银河系这样的星系。宇宙之大，大到我们无法理解，大到一切皆有可能。早在公元前4世纪，古希腊哲学家米特罗德格斯就说："认为在无边的宇宙中只有地球才有人居住的想法，就像播种谷子的土地上只长出一根独苗一样可笑。"[①]许多科学家也坚信，地球绝对不是宇宙间唯一有文明产生的星球。人类文明发展到今天，天文学领域的科学家们正在竭尽全力寻找地外文明。然而，到目前为止，人们虽然好像找到了外星文明的一些证据，但还是无法确切地作出哪些是外星文明的结论。只能这样说，从宇宙角度看，地球文明就是太阳系第三颗行星上的智慧生物所创造的星球文明，而且可能是一个极其普通的文明。

我们要了解地球文明的前世今生，还得从地球文明在宇宙文明中的地位说起。

---

① 转引自李卫东：《外星人就在月球背面》，重庆出版社2009年版，第92页。

第一章
地球文明在宇宙文明中的地位

茫茫宇宙，深邃而神秘。浩瀚星空，肃穆而庄严。宇宙中到底有些什么？具有高智慧生命特征的生物文明是宇宙的普遍现象还是地球独有的现象？如果宇宙有文明的话，那么地球文明处于什么地位？地球文明是怎样产生和发展过来的？多少年来，人类一直没有放弃对这一系列问题的探索和求解。人的天性是好奇和求知，随着考古发现和现代科技的发展，人们对宇宙有了越来越多的了解，人们再也不满足于在浑浑噩噩中度过一代又一代。人类文明的最新成果使人类对宇宙的认识、对自身的认识从蒙昧走向聪慧，从迷信走向科学。

第一节 宇宙和宇宙文明

宇宙包容万物。从广义来理解，宇宙包括空间和时间，是空间和时间的统一。我国道家祖师之一文子（老子的弟子）在其典籍《文子·自然》中这样表述："往古来今谓之宙，四方上下谓之宇。"从狭义来理解，宇宙是地球大气层外广袤空间和其中存在的各种天体以及弥漫物质的总称。

千百年来，科学家们一直在探寻宇宙是什么时候形成、如何形成的。科学家比较认同的一个观点：宇宙是由大约138亿年前发生的一次大爆炸形成的。比利时牧师、物理学家乔治·勒梅特（Georges Lemaitre）首先提出了宇宙大爆炸理论。1922年，苏联物理学家亚历山大·弗里德曼（Alexander Friedman）应用广义相对论描述了宇宙形成的场方程。1929年，美国物理学家埃德温·哈勃（Edwin Hubble）通过观测发现遥远星系的红移现象，佐证了大爆炸理论。哈勃的观测结果是，所有遥远的星系和星团都在远离我们，并且距离越远，退行速度越大。大爆炸理论表明：宇宙是由一个密度极大且温度极高的太初状态演变而来，大爆炸使物质四散出去，宇宙空间不断膨胀，温度也相应下降，后来相继出现星系、恒星、行星乃至生命。宇宙直到现在还处在不断的膨胀之中。

宇宙的构造是怎样的？当代天文学研究成果表明，宇宙是物质形态多样的、有层次结构的、不断运动发展的天体系统。为了简明地说明这一问题，我们先从太阳系说起：行星、小行星、彗星和弥漫物质都围绕太阳运转，构成太阳系。太阳系外，约2000亿颗类似人阳的恒星和其他星际物质构成直径约9.8万光年的银河系。银河系外，还有不计其数的星系。若干个星系集聚在一起构成星系团。若干个星系团集聚在一起构成本星系团。若干个类似于本星系团的天体集聚在一起构成更高层次的天体系统构成超星系团。若干个超星系团又构成超超星系团。宇宙就是由这些直径从数十万到数亿光年不等的大大小小的各类星系团组成。目前，观察到的星系已达1000亿个，距离已达138.2亿光年。科学家估计宇宙间有星系2万亿个，直径920亿光年或更大。

银河系

其实，宇宙产生于大爆炸的理论也是不准确、不全面的。如果说宇宙产生于大爆炸，终结于大坍缩，这等于说，宇宙是有始有终的。有科学家提出，宇宙已存在了140亿—200亿年，将在100亿年后毁灭。但实际上，所谓宇宙大爆炸理论中所说的宇宙，所指的仅是宇宙中的一部分，即人们所观测到和推测到的一部分宇宙。① 随着科学的发展，人们观测到的宇宙在时间空间上不断地扩大，从太阳系到银河系，从银河系到河外星系。人

---

① 参见孙进己、干志耿：《文明论——人类文明的形成发展与前景》，黑龙江人民出版社、人民出版社2011年版，第580页。

们所认识的宇宙的时间从数万年到数百万年,从数百万年到数百亿年。这些认识并未到尽头,宇宙还有更大的空间和更长时间是我们今天未能观测到的。当前人们所说的产生于大爆炸、将毁灭于大坍缩的宇宙,实际上并不是宇宙的整体。宇宙的整体究竟如何,是目前人类的认知能力所无法理解的。

宇宙中有宇宙文明吗?文明是智慧生物创造的,智慧生物很可能不限于地球上仅有,宇宙中很可能也存在其他文明。地球文明很可能只是宇宙文明的一个组成部分。

1964年,尼古拉·谢苗诺维奇·卡达谢夫(Nikolai Semenovich Kardashev,苏联宇宙学家,俄罗斯空间研究院宇宙研究所副所长,俄罗斯科学院院士)基于文明可以掌握和利用的能源等级及范围,于1964年提出了宇宙文明三级模型的假设。I型文明:能够调集与地球整个输出功率(为10的15次方瓦—16次方瓦)相当的能量用于通信。II型文明:能

苏联科学家卡达谢夫

够把相当于一颗典型恒星的输出功率(10的26次方瓦)用于通信。III型文明:用于通信的功率达10的36次方瓦,约等于整个典型星系的功率输出。随后,许多业内科学家、专家对这一模型进行了完善、扩展,提出了"卡达谢夫标度",把宇宙文明的三级模型扩展到了七级。

我们来看看这七级宇宙文明的设想是怎样的,主要具备哪些特征吧。

第一级文明:又称行星文明,该文明有能力开采和利用所处行星上的几乎所有能源和能量,可以随意控制该星球上的天气、土地、各类自然现象,知道该星球地上和地下的结构变化和兴衰,对该星球能源、能量的开发实现控制。能够突破自己星球的引力束缚进入太空,甚至具备可以毁灭周边行星的能力。

第二级文明：也称恒星文明，该文明可以随意离开所在的行星进行本星系资源勘察，能利用其所在星球附近的恒星能量作为太空探索的能源，能进行恒星系外探索，甚至到达其他恒星系。开始接触外星文明并尝试探索四维空间。

第三级文明：又称星系文明，该文明可以轻易掌握其所在星系情况，也可以自由开发和利用所在星系内的所有能量，甚至可以从宇宙已有的黑洞汲取自身文明所需的能量。能与其他星系更高等文明接触，成为星系文明联盟成员。能开发和修改DNA信息强化本体，可能会与其他星系文明发生冲突。

第四级文明：也称超星系文明，该文明已经可以开发和利用所在宇宙内70%—80%的能量，甚至可以利用整个宇宙的能量，能进行多维度空间穿梭，也不再受制于生命本体的限制，能降维打击其他文明甚至造成其毁灭。

第五级文明：又称多维空间文明，该文明能生存在多维空间中，能利用不同维度空间调控自己所需的资源。能帮助低等文明不被外界危险毁灭，是普通文明敬仰的高维文明。人类敬仰的天神可能就是这类高等文明。

第六级文明：也称宇宙文明，这种文明不再受限于宇宙规则，脱离实体形态，成为宇宙秩序和规则的维护者，可以适应多元宇宙的环境。

第七级文明：也称神级文明，能缔造宇宙规则，凌驾于前六级文明之上。

当然，该标度作为衡量一个文明层次和水平的方法，只是假设和想象，并不曾验证。但是，这个标度的意义在于，它从宇宙的角度来考量整个宇宙文明的发展趋势。如果按这一文明划分的标准来衡量，目前人类文明勉强达到0.72级。考虑到公元1900年的时候人类文明还是0.58级，未来一两百年，人类进入一级文明是可以指望的。人类超越一级文明达到了二级文明,再从二级文明跨越到三级文明,需要10多万年甚至更久。

认识宇宙和了解宇宙文明的假设,只是为我们认识地球文明进行铺垫。人类文明发展数千年以来,人们很少去思索自己的文明发展会与地球以外的文明有关系。人们宁愿相信人类文明是宇宙间唯一的文明,不愿相信地球以外还有比自己更先进的文明。直到最近几百年,人类才开始关注地球以外的文明,确切地说,最近的100多年,人类才有足够的认知来理解这个稍显幼稚的问题:我们是宇宙的唯一吗?

第二节　地球并不孤独

从目前科学探索结果来看，地球是太阳系中唯一一个适合生物生存的行星。通过数亿年的进化，产生了现代人类。地球之所以适合生命繁衍，是因为地球的生物生存环境非常理想。地球离太阳的距离适中，能得到足够的辐射能量，地表平均气温15℃，有大气层的保护，尤其是空气成分中有氧气支持生命的新陈代谢，存在大量的液态水作为生命细胞的成长媒介。要找到另外一颗存在生命的"地球"，条件是非常苛刻的，火星、金星尽管是地球的邻居，但没有像地球优越的生存条件，所以不适宜生命繁衍。可是，走出太阳系，放眼银河系以及河外星系，我们就可能发现类似于地球的、可能产生文明甚至高级文明的行星。

银河系存在多少个具有文明的行星呢？1960年，美国加利福尼亚大学的天文学家弗兰克·德雷克（Frank Drake）提出了银河系范围内文明可能存在的一个计算公式：

$N = R \times Fp \times Ne \times Fl \times Fi \times Fc \times L$ [1]

这个公式看起来有点庞杂,它以一连串可能性的乘积来计算我们银河系中可能存在多少个文明社会。在这个等式中,N代表银河系中可探测的文明的数量。其他变量如下:

R 代表星系中恒星形成的速率;

Fp 代表恒星中有行星的比例;

Ne 代表行星系中类地行星的数量;

Fl 代表有生命进化可居住行星的比例;

Fi 代表演化出高智生物的概率;

Fc 代表高智生命能够进行通信的比例;

L 代表这样的文明向外发送可侦测信号的时间长度。

弗兰克·德雷克

弗兰克·德雷克的这个公式是以银河系中能够进行星际通信的"人"存在为前提,来量化外星文明社会的数量。根据德雷克的计算,推算出银河系中可能存在12000个文明,而且这些文明是可以被探测到的。也有人对这个外星文明方程式提出质疑,认为方程式估测值太多,不确定性很大。如美国天文学家麦凯尔·哈特(Michael Hart)认为,假如银河系以

---

[1] 参见[英]吉姆·艾尔-哈利利:《悖论:破解科学史上最复杂的9大谜团》,戴凡惟译,中国青年出版社2014年版,第233页。

内还有发达文明存在，那么它早就把银河系殖民化了，不可能我们至今仍未发现它。还有一个更加著名的"费米悖论"，是由美籍意大利裔物理学家恩里科·费米（Enrico Fermi）提出的，他提出的问题是：既然至今还未发现外星人的蛛丝马迹，我们为什么还要相信它呢？

我们客观地进行分析，不管弗兰克·德雷克公式是不是靠谱，在银河系中类似地球这样的构造和环境条件的星球肯定概率很小很小。但由于在宇宙中、在星团和星系中恒星的数量十分庞大，这就决定了肯定也会有数量不菲的类地行星存在，它们零星分布在宇宙深处。我们应当相信，在宇宙空间的其他区域里，还存在另一些星球，那里生活着另一些人类和动物。天文学家布鲁诺曾说："实际上，存在着无数个太阳和无数个绕自己的太阳旋转的地球，这些地球上居住着不一样的生物。"历史上有弗雷德、罗蒙诺索夫、坎特、拉普拉斯、牛顿等哲学家、科学家和其他一些名人也都赞同上述观点。

我们的智慧、我们的逻辑推理能力、我们的洞察力、我们的经历及经验都告诉我们：自然界中充满生命而且生命的形式是千姿百态的，大自然不会只创造地球这一个宇宙中的"独苗"。生命在不断地出现、进化、演变、消亡、复现，这一切都是自然的，如果没有无穷无尽的循环往复，多姿多彩的自然界就不复存在了。

人们认为有外星生命存在，或许因为以下三点：一是宇宙中适合生命生存的区域数量很大；二是在地球和太阳系中找到的元素，如碳、氢、氧、氮等构成生命的基本元素，在宇宙中也是大量存在的；三是有机化反应在许多环境条件下都能进行，科学家曾在暗黑星际云中发现了普通有机分子。这些都支持了外星生命存在的学说。

至于我们至今还没有探测到地球以外的文明存在，并不等于他们不存在。并非所有的星系、星球都能进化到产生生命和智能。能进化到产生生命这一阶段的，只能是极少数具备条件的星球，而要进化到产生智能这一阶段的，更是十分不容易，再进一步，要进化到产生文明的阶段，更是微乎其微，因为有太多太多的自然和人为因素破坏或中断这一进程。绝大多数具备一定条件的星球，都未能进化到产生智能和文明的阶段。而两个不同星球的文明之间要进行接触和交流，更是条件苛刻，极为艰难。

有科学家认为，要使两个文明见面，必须符合以下条件：一是两个不同文明中的其中一个必须十分发达，能够征服以光年计算的星际之遥；二是两个文明发展水平上的差距不能太大，否则他们之间不可能接触和理解；三是两个文明应同时处于各自生命周期所能容许的宇宙时限内。由此科学家推论：由于符合不同文明之间接触的条件如此苛刻和难以满足，所以宇宙不同文明之间的直接接触实际上是难之又难、少之又少。

然而，如果真有一个比我们先进数万年、百万年甚或更长时间的外星文明发现了地球文明，那会是怎样的情形呢？或许他们的文明程度远远超出了人类的理解和认知水平；或许他们对我们的情况了如指掌，而我们对他们的存在却一无所知。如果我们同他们之间文明程度的差距太大，就一定会出现沟通障碍，他们不会愿意与我们沟通，也不愿意让我们发现。如果他们不想让我们发现，对他们来说是件轻而易举的事情。至于为什么不想让我们发现，应该是不想打扰我们或者不给我们造成恐慌。或许，他们的道德和文明规范有类似这样的原则："宇宙中一切形式的文明存在都有自由生存和发展的权利。"何况，他们或许根本就不屑于同地球人类竞争，也不需要动辄跨越若干光年的距离来侵占地球的资源。

那么，在天文观测中，有没有发现类似地球的行星呢？

1995年10月6日，两名瑞士天文学家在佛罗伦萨国际天文会议上宣布，他们在银河系发现一颗行星。它位于飞马星座51号星附近，并以极快的速度围绕51号星旋转，旋转周期仅为4天。这颗星体呈液态结构，暗红色，体积相当于木星（为地球的1000倍），距地球只有17光年。这是人们在太阳系以外发现的第一颗行星。从那以后，天文学家陆续在银河系发现了大约300颗这样的行星。

随着开普勒太空望远镜对银河系外的天体进行持续观测的新进展,越来越多的类地行星被发现。截至2014年3月5日,已经被认定的系外行星总数为1078颗,这些行星分属815个星系。此外,开普勒望远镜行星搜寻任务已经锁定1.8万颗行星候选者,包括262颗位于潜在宜居带的候选者。2015年7月24日,美国宇航局(NASA)举办媒体电话会议宣布,他们在天鹅座发现了一颗与地球十分相似的系外行星。这颗行星距离地球1400光年,被命名为开普勒452b。它跟地球的相似度高达0.98,堪称"地球的胞兄"。他们通过观测发现,开普勒452b绕着与太阳同类型的恒星旋转,公转周期是385天,直径是地球的1.6倍,体积是地球的6倍,最重要的是开普勒452b可能拥有大气层和流动水。

开普勒太空望远镜

显然,开普勒452b的发现让所有科学家眼前一亮,因为它跟地球很像,这为科学家搜寻地外生命提供了很多有用的信息,给人类找到同伴增强了信心,也能更好地帮助人们探索宇宙中的奥秘。

越来越多的证据表明,地球并不孤独。而要更准确地下此结论,还有赖于我们对星际文明蛛丝马迹的考察。

第三节 星际文明的传播

仰望星空，广袤而神秘的宇宙让人目眩神迷。人们多想到宇宙中去遨游一番，实现自己的飞天梦啊！人类想遨游宇宙，浅层次的动机是好奇，想看看外面的世界，深层次的动机是想寻找同伴，寻找更好的乐土。由于受到条件的限制，过去，人类的这种愿望只能是梦想。但凡有一点儿条件，人类就会朝着这个方向去努力。我们看到，尽管各个国家都有大量紧迫而现实的问题要解决，尽管其他领域还有许多发展的难题，但是，只要具备一点儿实力和条件的国家，总是把自己一部分尖端的人才用于研究天文，把先进的科技用于探索太空。地球人类是这样想、这样做的，那么，其他星球文明会不会也这样想、这样做呢？如果是这样的话，就有了星际文明传播的问题。

首先，地球人类主动把自己的文明信息传送出去。

地球文明是如此短暂，人类开始创造文明才不过几万年，发展近现代科学技术不过几百年，探索航天技术不过几十年，这和地球年龄45亿年、银河系年龄100多亿年相比,何异于沧海一粟。但是,人类从使用无线电波通信开始,就努力向外界发送信息,力图让地外文明知晓有一个地球文明的存在。

1974年11月16日,美国利用设在波多黎各的阿雷西博305米直径的射电望远镜,发出人类第一组信号,对准武仙座中一个名为M13的球状星团(该星团约有106颗像太阳的恒星)发射了无线电信号。无线电中包含大量有关地球的信息——太阳系、人类DNA双螺旋结构、地球、人类外形和阿雷西博射电望远镜的形状等。

美国阿雷西博射电望远镜

科学家们猜测,数学语言可能是每个文明的共同语言。早在17世纪初,意大利哲学家、天文学家伽利略就认为,数学语言是解读宇宙语言的钥匙。当代美国天文学家卡尔·萨根(Carl Sagan)深信,宇宙中的技术文明无论差异多大,都有一种共同的语言——数学语言。中国数学家和语言学家周海中在论文《宇宙语言:设计、发送与监听》中指出,数学语言具有明确性、单义性、紧凑性、普遍性、抽象性、逻辑性等优点,是星际交流的理想工具。美国加州"地外文明搜索研究所"的科学家们正计划将维基百科的全部内容编译成数学语言信息,通过射电望远镜发送至20光年以外的太空。2017年3月,挪威天文台向银河系发射的无线电信号内容就包括算术、几何、三角函数以及地球位置信息等。他们认为，数学语言应该容易被外星人解读。

2018年10月，一个名为Sonar的组织向太阳系外行星GJ273b发送了一串信息。GJ273b是太阳系附近的一颗超级地球，距离我们仅12.4光年，环绕在红矮星GJ273周围，并处于宜居带中。这串信息包含音乐、数学以及关于地球的一些情况。为避免外星文明把该信息误认为是自然现象，他们还把该信息在三天之内连续发送了九次。

事实上，早在19世纪，人类就在想办法与外星文明取得联系。在20世纪的四分之一的时间内，人们又不停地用电波轰击太空，这些电波在所有方向上已经传播了70光年，覆盖了数千个恒星系统。但至今，所有发出去的信号都没有收到回音。其实，没收到回音也是可以理解的：一是外星文明能收到地球人信号的可能性太小；二是地球人能收到外星文明回信的概率太低；三是恒星之间距离遥远，哪怕信息真有往返，时间也动辄需要几十年甚至上百年。

除了通过电波向外发出信号，人类还通过发射星际探测器在星际间遨游，期待让外星文明识别或者不期而遇，就好像地球人类向太空施放一个个"漂流瓶"，试图通过这种方式让外星文明截获地球文明信息，收到地球人类对地外文明的问候。

1972年3月，美国宇航局向两个不同方向发射了"先驱者10号"和"先驱者11号"星际探测器。它们均携带了一张铝制镀金的名片，上面有一幅太阳和九大行星的示意图，标明探测器从第三颗星上发出，在右边探测器的放大图上，画着一男一女，男的举起右手打招呼，表示友好。如果巧遇人类的知音，他们将从探测器中了解地球文明的存在。

1977年8月20日和9月5日，美国又分别发射了"旅行者2号"和"旅行者1号"。这对孪生探测器的外表是个棱柱体，顶部装有圆形天线和两根鞭状天线，里面装有核燃料电池和唱机，一张镀金唱片上录制着地球

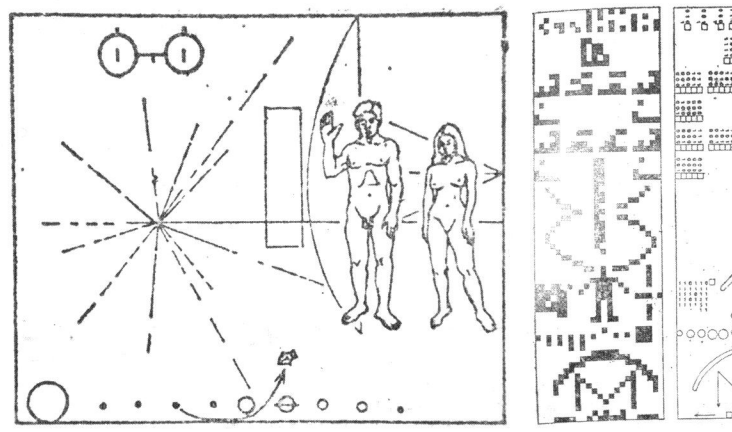

给外星人的地球名片

人特征、地球风貌和美国前总统卡特向外星人问候的信息。唱片录制了115幅照片，35种自然界的各种音响，近60种语言的问候语，27首世界著名乐曲，其中还包括我国的八达岭长城照片、古典乐曲《流水》、广东话、厦门方言的录音等信息。唱片套外还印有使用说明示意图。发射"旅行者号"的目的很明确，它们的目标分别是猎户座和鹿豹座。也就是说，我们期待这两个星系中能有智慧生物发现并截获这个独特的探测器，破解地球唱片，知道宇宙中存在地球人。

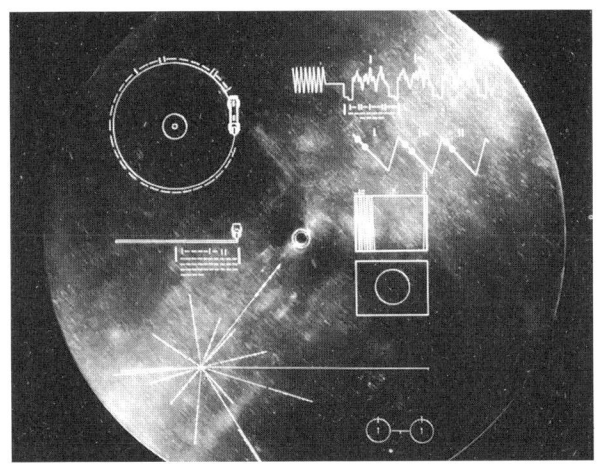

向太空发送地球信息的唱片

其次，地球人类努力搜寻地外文明传来的信息。

如果有星际文明存在，他们会不会也像地球人类一样向外界发送自己的信息呢？这样，我们只要坐在家门口就能接收到地外文明的信息，岂不更方便快捷？于是，人们运用射电成像、电磁感应、频谱谐振等技术，发明了多种高灵敏度的太空望远镜和天体探测仪。天文观测的领域扩展到了电磁波段的全波段，包括从γ射线到无线电长波的较宽阔的领域。虽然这只是接收整个宇宙信息辐射范围的极小一部分，但已经大大提高了人类对星际文明的分辨本领和检测微弱信息的能力。

1960年，一批美国科学家制订了一个"奥兹玛计划"。[①]他们利用美国国家天文台的大型射电望远镜，接收来自鲸鱼座"陶"星和波江座"厄普西隆"星发出的信息，它们距离我们都是11光年。科学家选用的是21厘米谱线，因为他们相信，外星人也会认识到氢是宇宙间最丰富的元素，并选用氢的谱线作为"星际语言"来与其他星球通信。结果连续三个月日日夜夜的守候，并没有按预期发现信号。

1982年夏天，国际天文联盟（IAL）开展了一次地球外生物大搜索。他们用1420—1720兆赫的微波接收地外信息。这一区域叫"水洞"，因为氢原子、羟基（-OH）、水分子（H_2O）的无线电波频率基本集中在这一波段。而且这一波段是波谱中比较"安静"的一个波段，受到其他强辐射的干扰较少。科学家认为外星智慧生命最有可能使用这个波段向外界发射电波。但这次行动还是由于宇宙中各种辐射的干扰而毫无结果。

1992年10月，美国在波多黎各和加利福尼亚启用了两个强有力的射电望远镜搜索地外文明，叫作"微波探索计划"。计划由两部分组成：一是目标搜索，在10年内采用"水洞"的频率搜索类似太阳的1000颗恒星，或距离地球75光年内的所有恒星。二是太空环视，在10年内以

---

① 参见［美］莫瑞斯·查特兰：《美国宇航局核心科学家承认：远古外星人改变了人类基因和文明》，蒲雯玥译，江苏文艺出版社2012年版，第13页。

1000—10000兆赫的波段搜寻太空每个方向和角落，希望发现星际文明信息。

微波探索计划

2009年，欧盟建造了一个新的射电天文台网络，这个射电天文台网络名为低频阵列（LOFAR），由2.5万个小型天线构成，其天线分别建造在荷兰、德国、瑞典、法国和英国，覆盖一个直径350公里的区域。它通过扫描宇宙中低频射电频率光谱，同步勘测太空中较大的区域。荷兰射电天文学协会的迈克尔·加勒特（Michael Garrett）教授解释说："LOFAR可以有效扩大对地外智能生命的搜索范围。"

此外，由国际天文组织提出的建造功能更强大的射电望远镜阵——平方公里射电阵（Square Kilometre Array，SKA）工程正在积极推进。这是一个由数千个口径为25米的碟形天线构成的巨型射电望远镜阵列，因接收总面积约"1平方公里"而得名。SKA工程计划由全球十多个国家合资建造，主体由两部分组成。一部分是位于澳大利亚西部的低频阵列，另一部分是位于南非的中频阵列。该工程于1993年开工，预计于2024年前后完工，2030年正式投入使用。2012年10月，澳大利亚低频阵列已基本完成前期项目。我国也参与了这项国际大合作的科学工程建设。据介绍，SKA建成后，将比目前最大的射电望远镜阵列灵敏度提高约50倍，巡天速度提高约1万倍，将帮助人类填补对于宇宙认知的空白，在检测爱因斯坦相对论、宇宙演化历程、绘制河外星系图谱及寻找地外文明迹象等领域发挥重要作用。

2016年9月25日，目前世界上口径最大的单体射电望远镜FAST（Five-hundred-meter Aperture Spherical radio Telescope）在中国贵州省黔南的喀斯特洼状地貌中建成启用。FAST望远镜是球面状的，主反射面由

位于中国贵州的世界最大口径射电望远镜

4600块三角形单元拼接成球冠，口径达到500米，接收面积相当于30个足球场。FAST设计综合体现了我国高超的技术创新能力，代表了中国天文科学领域先进水平，并将在未来20—30年内保持世界领先地位。它的综合性能分别是目前世界上最大的射电望远镜——VLA特大天线阵、阿雷西博射电望远镜的5.4倍和2.3倍，其可探测射电源数比前者多10倍以上。

这个最大的"天眼"承担着五大科学考察任务，探索地外文明就是其重要任务之一。2018年9月，来自中国国家天文台、北京师范大学和美国加州大学伯克利分校等单位的研究人员，在FAST现场对具有高分辨功能的地外文明搜索后端进行了安装测试，并开始实施"FAST与突破聆听计划"（Breakthrough Listen）。2019年7月，研究人员对搜索到的海量数据进行了分析处理。该计划的首席专家李菂发表FAST地外文明探索量化展望报告说，基于对超级地球GJ273b的观测和对近邻仙女星系中的类地行星进行卡尔达谢夫相关指标的巡天探测，FAST有可能探测到有价值的地外文明信息。

我们还可以看到人类已经搜寻和接收到的星际文明的种种痕迹。

早在1930年，许多科学家就发现了一个奇怪的现象——他们发出一串

无线电波以后，总会收到两个回音。一个回音出现在北部方向，另一个在猎户座方向，仿佛它们是被地球轨道上某种神秘物体反射回来的。几年以后，一个名叫邓肯·卢南（Duncan Lunan）的苏格兰天文学家在通过专门研究后解释说，地球轨道上确实有两个神秘物体，而且极有可能是外来的宇宙飞船。他的观点得到不少天文学家的认同。

1961年，在法国巴黎天文观测台工作的学者雅克·瓦莱（Jacques Valet）发现了一颗运行方向与其他星体相反的"怪异"的地球卫星，这颗来历不明的卫星被天文学界命名为"黑色骑士"。紧接着，世界上的许多天文学家根据雅克·瓦莱提供的数据，也发现了这颗环绕地球逆向旋转的独特卫星。法国学者亚历山大·洛吉尔（Alexander Gazsi）认为，"黑色骑士"可以用与众不同的方式绕地球运行，表明它具有非自然或者是人为的特征。

1989年，在瑞士日内瓦召开的一次记者招待会上，苏联宇航专家莫斯·耶诺华（Moss Yenov）博士向媒体公布说："有一枚卫星出现在地球轨道上，经过仔细分析，我们认为它肯定不是来自我们这个地球。"此事披露后，200多位科学家表示愿意协助调查这颗可能是来自外太空的人造天体。法国天文学家佐治·米拉（George Murat）博士甚至说："显而易见，这颗卫星是经过'长途跋涉'来到地球的，而且已经运行了数万年之久！"

美国正在进行一项地外智慧生命探索计划（SETI），它集中接收并分析来自宇宙空间的信号。据美国宇航局报道称，他们已经发现并跟踪了一个距离地球约10亿光年的椭圆形星系。非常奇怪的是，该星系的两端总会不停地向外发射着信号。他们推测，在这个星系内极有可能存在一个或者多个文明，这些文明如果没有足够发达的话，不可能具备向外发射信号的能力。美国宇航局喷气推进实验室主任加拉格尔（Dave Gallagher）指出，随着宽视场红外巡天望远镜等新技术的发展，发现外星生命的可能性会越来越大。①

　　到目前为止,尽管对外星文明是否存在还没有定论,但众多科学家仍孜孜不倦地进行着星际文明传播相关的工作,有的科学家以这一目标为终生奋斗方向,并为之付出了艰苦卓绝的努力。

---

① 据中新网 2014 年 7 月 23 日电,新加坡《联合早报》报道,美国麻省理工学院行星科学家西格尔(Sara Seager)和美国宇航局喷气推进实验室主任加拉格尔(Dave Gallagher)均指出,在科技水平上,人类已经非常接近找到另一个"地球"和其他星球上的生命迹象。

第四节　地球文明的起源

地球文明产生的前提是地球生命的产生。地球生命的产生是同宇宙的演化相联系的。生命的构成元素如碳、氢、氧、氮、磷、硫等广泛地存在于宇宙空间。科学研究表明，前生物阶段的化学演化并不局限于地球，在星际演化中，某些生物单分子，如氨基酸、嘌呤、嘧啶等可能形成于星际尘埃或凝聚的星云中，接着在行星表面的一定条件下产生了像多肽、多聚核苷酸等生物高分子，通过若干生物演化的过渡形式最终在类似地球这样的行星上形成了最原始的生物系统，即具有原始细胞结构的生命。至此，生物的演化开始，直到在行星上产生无数复杂的生命形式。

我们来简单回望一下地球生命的进化史。38亿年前，地球原始地壳的出现，标志着地球由天文行星时代进入地质发展时代，具有原始细胞结构的生命开始形成。8亿年前，地球进入震旦纪，出现了真核生物。之后，地球生命沿着以下路径演进：新生代和寒武纪，无脊椎动物出现──→奥陶纪，第一条鱼、第一个脊椎动物出现──→泥盆纪，原始昆虫出现，第一个两栖动物和原始飞行昆虫出现——→石炭纪,原始爬行类动物出现——→二叠纪,原始恐龙出现——→三叠纪,原始哺乳动物出现——→侏罗纪,始祖鸟出现——→白垩纪,恐龙灭绝——→中生代,原始鲸目动物、原始灵长类动物出现——→新生代和第三纪,灵长类动物、原始类人猿、高级哺乳动物出现——→第四纪,原始智人出现。通过不断进化和改造,地球生命形式逐渐由低到高,由简单到复杂,最终发展到现在的状况。①

地球生命进化示意图

人们根据化石发现推知,人类是古猿中的一支——南方古猿演化而来。人类脱离古猿后的发展历史分为三个阶段:第一阶段是猿人阶段,生活在距今30万—300万年,他们像野兽一样过着群居生活,赤身裸体居住在山洞中或大树上,用经过简单加工的自然工具,如石块、木棒等猎取野兽和采集各种能食用的植物。这个时期十分漫长。第二阶段是古人阶段,或称早期智人,生活在距今5万—30万年,属旧石器时期。第三阶段为新人阶段,又称晚期智人阶段,生活在距今1万—5万年,属新石器时代,

---

① 参见孙进己、干志耿:《文明论——人类文明的形成发展与前景》,黑龙江人民出版社、人民出版社2011年版,第589页。

开始懂得制作石器与骨器,同时学会了用火,知道了熟食。从此,人类便进入现代人的发展阶段。

依据考古发现和对人类文明遗迹遗存的发掘研究,现在比较公认的说法,地球上最早出现文字和文物记载的人类文明是在公元前4000年亚洲西南部的底格里斯河和幼发拉底河之间,被称为"两河文明",在希腊语中被称为"美索不达米亚",意思是指"两河之间的土地",创立者是苏美尔人。到了约公元前3500年,苏美尔人在这里建立起了奴隶制城邦国家,阿卡德人、巴比伦人(亚摩利人)、亚述人以及迦勒底人等,继承和发展了苏美尔人的成就,使两河流域的文明成为世界上最古老的文明发源地。其中,巴比伦人的成就最大,因此,后来人们将两河流域文明又称为"巴比伦文明"。除此之外,根据考古发现,人们认为人类早期文明的分布主要有美洲的印加文明,中非的班图文明,非洲尼罗河流域的古埃及文明,南亚印度河流域的古印度文明,中亚黄河、长江流域的中华文明,欧亚交界处的地中海文明。但是,随着更多的文明遗迹的考古发掘,人类文明起源、分布和发展脉络问题的考证被不断刷新、不断纠正、不断完善。一直到现在,还没有一个确切的定论。

苏美尔人的泥板书

苏美尔文明起源于何处？没有人说得清楚。英国剑桥大学历史学教授奥茨（Ötzi）想解开这个谜，他率领考古队于1968年在今伊拉克境内的欧贝德文化遗迹和

伊拉克乔加马米遗址

萨迈拉文化遗迹之间，进行了一次全面的考察。考古队发现了一群有8000年历史的土墩，其中最大的一座名为乔加马米遗址。此处出土了一尊黏土头像，人物造型非常逼真，发型、风格与2000年后的苏美尔人造型完全相同，表明欧贝德和萨迈拉人应该是苏美尔人的直接祖先。在附近还发掘出灌溉区的废墟，以及一些陶器和陶土头像的碎片。令人们惊奇的是，在此后对萨迈拉文化遗址发掘的过程中，法国考古队于1976年在该处发现了大型住宅的遗迹。住宅设计精巧，有梁、柱构造，面积约325平方米，还发现了一些类似仪器的东西。法国考古学家让－路易斯（Jean-Louis）认为它是一处令人惊讶的史前遗址。后来，波斯湾战争打断了他们的考古工作，苏美尔人的起源之谜只能算作解开了一半。

另外，中华文明的起源有了新的发现。早在20世纪20年代，瑞典地质学家安特生（Johan Gunnar Andersson）在中国河南渑池县仰韶村发现了彩陶等一大批文物，被考古界命名为"仰韶文化"。考古界认为这是最早的中华文明遗迹，于是把仰韶文化认定为中华文明的开始。安特生经过简单类比，认为仰韶彩陶与中亚的安诺彩陶有承接关系，因而提出了"中国文化西来说"。

后来，随着大量的考古发掘证据，证明仰韶文化并非中华文明的开始。例如，地处中国甘肃天水市秦安县的大地湾遗址不但比"仰韶文化"要早得多，而且比"两河文明"至少要早1000年。进入21世纪初，考古专家对大地湾遗址深入发掘。研究显示，该遗址出土的彩陶技艺距今有

8000年左右历史，发掘出石、玉、骨、角、蚌器等文物近万件，发现有混凝土建筑特征的房址241座。这里还发现了世界最早的农业文明遗迹。

甘肃大地湾文化遗址

除了甘肃大地湾文化遗址外，2004年，地处中国浙江义乌市桥头村的桥头遗址考古挖掘又有新发现。此处"器物坑"内堆积有大量保存较为完好的陶器，包括大口盆、陶罐、陶壶、圈足盘等。彩陶分为乳白彩和红彩两种，装饰条纹出现了太阳纹、短线组合纹等图案，体现出高超的装饰艺术。经对文物层中获取的炭屑样品进行碳14年代测定，获得了7985 ± 50、8090 ± 45等数据。经过反复查证，考古认定该遗址校正年代为距今约8000年。在发掘过程中，还发现该遗迹存在明显的文化沉积分层痕迹，说明该遗迹不是一次形成的，甚至出现了下层文化沉积先进于上层文化沉积的现象。

显然，甘肃大地湾遗址和桥头遗址的考古发现，推翻了过去认为人类文明仅有6000年历史的结论，把人类文明的历史大大提前了。

当然，人类文明史6000年的提法，依据的是以文字产生为标志。从有文字记载到今天的人类文明发展的脉络应该是清晰的，因为除了有大量的文物古迹可探究，还可以通过书简典籍查考核实。但是在6000年以前，人类文明究竟是怎样的呢？没有任何确切的文字记载。

按文明发展由低到高的规律，那时候的文明应该是比有了文字记载以后的文明程度要低。但问题就出在这里：从众多考古发现的史前遗址、遗物来看，有些竟然表现出早期文化遗址比晚期文化遗址的文明程度要高！

这就与传统的史学观点形成了相当大的反差和冲突。人们疑惑了，距今1万—4万年，地球文明发展究竟遭遇了什么事情呢？

过去的100年里，随着科学技术的发展，考古手段日益科学化，人们在以前历史学家没有注意到的地方，发现了大量史前遗址，这些遗物、遗址的含义是现代传统史学观点无法解释的。其中从距今4万年前至距今6000年这段历史，是最不可思议而且前后矛盾的。比如说，20世纪40年代发现的印度摩亨佐·达罗遗址，它分为几层重叠在一起，而下一层明显比

印度摩亨佐·达罗古城遗址

上一层的文明程度更高。从这里出土的有些金银珠宝和各种首饰，其制作之精良，让今天的人都大为惊叹。英国考古学家马歇尔（J. H. Marshall）曾评价说："如此精良的制作和高度的磨光，以至于这些东西仿佛出自今天伦敦大街的珠宝行。"①

难道真的有所谓"史前文明"？历史学体系和新的考古发现之间巨大的反差就摆在我们面前，它们的冲突是如此的尖锐。对于这些反差和冲突，我们既不能采取视而不见的回避态度，也不能采取模棱两可的含混观点，而应尽可能还真相于民众。地球文明的源头，还有许多值得我们去好好探究的空间。

---

① 马歇尔（1876—1958），出生于英国柴郡的小城彻斯特，早年就读于达利奇学院和剑桥大学国王学院。他参加了希腊、克里特岛（Crete）和土耳其等地的考古发掘工作。1902年，他被任命为印度考古总监。1922年，他领导了对摩亨佐·达罗遗址的发掘。著有《摩亨佐·达罗和印度河文明》一书。

第二章
史前文明的证据

分布于地球各处的远古遗迹遗存令人叹为观止,广泛流传于世界各地的神话传说令人意乱神迷。这些都是地球文明的有机组成部分。人类是地球的统治者,可是,人类在自己可探知的范围内还有很多未解之谜,神话和宗教更是把人们弄得真假难辨。神话传说真的确有其事吗?人真的是上帝或神创造出来的吗?地球人类是否真的有一段"人神共处"的美好时光?我们抱着客观而冷静的态度看待这一切,就会发现,人类史前文明是存在的。那么,就让我们来看看,地球人类史前文明有哪些,留下了哪些证据。

第一节 遗迹遗存

公元前4000年,世界上最早的文明才在两河流域刚刚产生。然而,人们在世界各地却不断发现许多难以解释的文明遗迹,它们的历史远远超过了6000年,有的甚至超过了几万年。

我们来简略地列举几例。

埃及胡夫大金字塔 位于埃及吉萨高原的三座大金字塔,据说是公元前2500多年前建造的。以三个法老的名字命名,分别叫孟考拉金字塔、哈夫拉金字塔和胡夫金字塔。三座金字塔周围还有三座小金字塔、司芬克斯人面狮身像和一些神殿。一直以来,这里就被人们称为古代建筑奇迹。其中,最大的胡夫金字塔高146米,由大约230万块重达数吨至数十吨的巨石垒成。石块与石块之间没有任何黏合物,但

埃及大金字塔

接合十分严密。埃及大金字塔就像耸立在地球上的巨大问号，带给人们的是许多疑问：金字塔这些大石块是怎样切割、搬运、安放上去的呢？金字塔巧合的数据与天文学符号传递的信息难道都只是巧合吗？这些远超当时建筑能力和知识水平的事实似乎为现代人留下了一个永恒的谜。

司芬克斯狮身人面像 在埃及吉萨高原大金字塔不远处，有一尊由大石块砌成的狮身人面像。方向正对着东方。根据狮身人面像身体受到侵蚀的程度，考古学家经过分析判断，其建筑年代比原先估计的始建于埃及卡夫

司芬克斯狮身人面像

拉王朝的时间要久远得多。如果真是建于埃及卡夫拉王朝而又被风沙侵蚀的话，那么同时代的其他石灰岩建筑也应该受到同样程度的侵蚀，然而古王朝时代的建筑中没有一个有狮身人面像受侵蚀的程度严重。它的上部有典型的被雨水冲刷的痕迹，下部带有明显的被水反复侵蚀的特征。美国地质学会的修齐（Huzy）教授说，狮身人面像身体受到的侵蚀不是风沙造成的，而是水侵蚀的痕迹，狮身人面像有可能曾经浸泡于水中。据考证，从公元前3000年以来吉萨高原一直没有足够造成狮身人面像侵蚀的雨水，而在此很久之前，这一带有过高温、多雨的时期。根据以上分析，考古学家推测司芬克斯狮身人面像很可能建于一万多年前，其中尚有许多我们目前还不知道的东西。

蒂亚瓦纳科太阳门 位于南美洲玻利维亚与秘鲁交界处的蒂亚瓦纳科（Tiahuanaco）文化遗址，有许多由重达几十吨甚至数百吨的巨石严密砌成的城墙。遗址的西北角有一个久负盛名的文明古迹——太阳门。这个门由一整块重达百吨的巨石雕刻而成，门楣上方的中央雕刻有一个放射出

南美蒂亚瓦纳科太阳门

光芒的神秘人头像，两旁刻有48个较小的神像和符号，排成三行。根据毕生研究蒂亚瓦纳科文化的玻利维亚学者波斯南斯基（Posnansky）教授用天文黄赤交角推算，该古城可能建于17000年前。1949年，苏联的几位学者成功破译了上面的部分象形文字，发现它是一个既繁复又精确的天文历法，只不过它一年不是365天，而是290天，即在一年中的12个月里，10个月24天，2个月25天。一万多年前怎么会有这样的历法呢？

普玛彭古遗迹 地处南美洲的安第斯山脉，在海拔4500米的荒漠高原上，有一片神奇的石头构件。走近一看，石头构件都是由巨大的花岗岩切割而成，有的呈长方形，有的呈圆柱状，很多是呈H形，每块石头都超过50

南美普玛彭古遗迹

吨，有的重达数百吨。现在这些石头构件已经杂乱分布，看不出建筑原貌了。据考古专家考证，这个石头建筑群至少是在距今15000年前建造的。每块石头都有非常规则的几何图形，尤其是H形的石块，几乎每块都一样。这些石块是用什么方法切割出来的？这个建筑群又是做什么用的？

纳斯卡地画 在秘鲁境内有一个古城叫纳斯卡。在一个叫巴尔巴的山谷内，有一条长59.6公里、宽1.6公里的狭长地带，那里布满了宽2—3米、深10—60厘米、长短不一的沟道线条，就像一条条的阴刻线。另外，还有一些由突出于地面的石垒构成的线条。这些线条从地面上看不出什么，但从空中看过去，它们竟是巨大的几何图形，有些是平行四边形、三角形、梯形、半圆形，有些是秃鹰、蜘蛛、蜂鸟、章鱼、花朵等图案。这些图线被科学家考证是12000年前形成的，而且需要高度发达的测量仪器和计算仪器才能制作出来。人们百思不得其解：铺设这些图线的年代人类还不能升空，这些只能在空中才能看到的图线是谁铺设的？有什么含义呢？

纳斯卡地画

英国巨石阵 在英国南部的索尔兹伯里平原上，有一群排列得相当整齐的巨大石块，这便是神秘的斯通亨治"巨石阵"。巨石阵的主体是一根根排成一圈的巨大石柱。每根石柱高约4米、宽约2米、厚约1米、重约25吨，其中两根最重的

英国巨石阵

有50吨。有些石柱的顶端又横架起石梁，呈拱门状。整个马蹄形排列的巨石阵的中心线上，开口正好对着仲夏日出的方向。据英国考古学家考证，巨石阵建造时间距今超过6000年。英国天文学家霍金斯根据巨石的排列和其中所蕴含的信息，认为它标明了太阳和月亮的12个方位，可以预告月食和日食。科学家认为，巨石阵是在已经了解太阳系构造的基础上建造的。人们疑惑：史前时代怎么会有这些超前技术的东西？

土耳其皮里雷斯地图 在土耳其伊斯坦布尔的塞拉伊图书馆里，保存着一张由土耳其海军上将皮里雷斯于1513年签名、用羊皮纸绘制的古代地

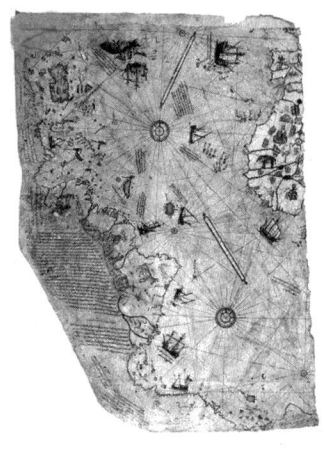

土耳其皮里雷斯地图

图。地图是一份复制品,据考证,原图绘制于6000多年前。[①]当科学家进一步深入研究时,发现这张古地图其实是一张空中鸟瞰图,上面美洲、非洲的轮廓线,同"阿波罗"飞船拍摄的照片完全吻合。更令人惊讶的是,古地图上绘出了南极洲千米冰层覆盖下的复杂地貌。南极洲没有冰盖应该在一万年前,是谁在远古时代就已掌握高空拍摄的技术?因为直到1952年,美国海军利用先进的声呐探测技术,才发现了覆盖在厚厚冰层之下的南极山脉。将探测结果与皮里雷斯的地图相对照,两者竟然基本相同!

复活节岛的巨石像 位于距离智利海岸3700公里的海上,有一个面积约120平方公里的岛屿。岛上分布着约1000尊巨石像,像的头部异常大,耳朵从头顶往下长长垂着,两手臂也是长垂着紧贴着身体,嘴呈一字形,脸朝着遥远的太空。

复活节岛上的巨石像

这些石像大部分重约20吨,高度3.5—4.5米,最大的高约10米,重达90吨,其中一部分石像还戴着很厚重的用红色火山岩制作的帽子。石像上还有用白色珊瑚石所做的眼球。据考证,石像有5000—10000年的历史。这些石像有什么象征意义吗?

大西洋比米尼大墙 1968年,在大西洋百慕大地区巴哈马群岛中的比米尼岛附近,人们发现水面之下有一片宽阔的石板,由每块边长约5米,

---

① 参见[瑞士]埃里希·冯·丹尼肯:《以宙斯的名义》,于晨译,金城出版社2012年版,第189页。

厚度0.5—1.5米，重约25吨的长方形或多边形石块铺成。整个石板长70米、宽10米，石块之间用一种类似水泥的东西黏合起来。这个规模宏大的建筑物被取名为"比米尼大墙"。此后，科学家陆续在大西洋底发现其他岩石建筑，像是街道、码头、城墙、门洞等，覆盖范围达16平方公里。根据长在这些建筑上的红树根化石，表明其至少有12000年的历史。人们推测：传说中的大西国亚特兰蒂斯——一个史前高度文明社会的遗迹，可能沉没在这一带的大西洋底。

西藏朱洛巴石盘 1938年，中国考古学家纪蒲泰等人，在西藏巴颜喀拉山原始部落朱洛巴人居住的地区考察时，在一个不起眼的山洞里，挖出716块花岗石圆盘体，圆盘体中间有孔，每块厚度约2厘米，从中间向四周辐射出许多十分规则的水波纹线条，极似现代的激光唱片，上面还刻有许多现代人无法解读的各种符号。后来，几经辗转，石盘被送到苏联。经过测定，这些石盘都是1万多年以前的东西，含有大量的钴金属和其他金属元素，而且振荡频率特别高。这说明石盘曾经带电，或者曾长期应用于高电压之中。1962年，我国学者徐鸿儒教授经过长时间的研究，破译出其中部分符号的含义，他认为这些石盘相当于一个记事本，其中记载了一则类似于飞船失事的故事。①

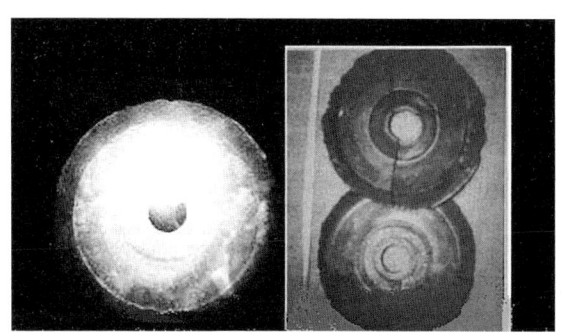

西藏朱洛巴石盘

---

① 参见李小满：《宇宙未解之谜》，人民日报出版社2009年版，第109页。

四川三星堆文化遗址　在四川省广汉市南兴镇北部发现的三星堆文化遗址，被考古学界誉为"20世纪人类最伟大的考古发现之一"。据初步考证，它有4000多年的历史，其中出土文物的制作时间远在这个年代之前。出土的物件主要是青铜器、金器、玉器等。令人惊奇的是这些物件所表现出来的文化含义。有的青铜人头像有大而突出的眼睛，有的耳朵造型奇特，有的物件呈龙柱形，有的呈太阳形。其中有一个五辐轮毂造型就像是一个现代机器上的零件。这些青铜头像和金玉器件的制作技巧可以说是鬼斧神工，让后世都自叹不如。尤其是在器物坑中发现了几棵青铜神树，其中最大的一棵高近4米，由树座、主干和三层树枝组成，每一根枝条上都站立着一只鸟，枝端挂着一颗桃形的果实，树下的底座上塑着三个跪着的在顶礼膜拜的人像。远古蜀人怎么会有如此高超的制作技巧？这些文物的文化含义究竟是什么？①

　　三星堆头像　　　　　太阳轮　　　　　青铜神树

此外，还有法国拉斯科克斯与天文学密不可分的洞穴壁画，经测定是公元前10000多年前的产物；南撒哈拉沙漠中发现了公元前4500年的纳布塔巨石阵，该阵完全按星座排列而成；以色列杰里科发现公元前8300年的古城遗迹；土耳其安托海雅克发现公元前7000年的古城遗迹，这里就不再

---

① 据2020年3月19日北京晚报新视觉网报道，考古工作者重启对三星堆遗址的深入调查、勘探与发掘，新发现6个"祭祀坑"，一共发现并陆续发掘8个坑，标志着三星堆遗址考古又有了新进展。

一一列举了。

  这些遗迹遗存的发现和存在，挑战了过去历史教科书的传统认知。尽管考古学家们、科学家们对这些惊人的文明奇迹见仁见智，各执一词，尽管各国主流媒体对这些文明发现只做客观报道不做结论，但在人们的心中有一点是共同的，这就是：地球文明、人类文明不是现有历史教科书上记述的这么简单！那么，远古地球上究竟发生了什么与人类有关的事件？人类对史前文明就没有一点儿集体记忆吗？

第二节　神话密码

人类文明产生的标志是文字的产生。如果说，现在留传下来的文字记载中有什么能够反映史前文明的东西，可能就是形形色色神话传说的典籍了。

什么是神话？这个问题回答起来有点儿玄乎。人们也许会说，神话不就是把人类解释不清的自然和社会现象归结于神灵的作用而编造出来的故事吗？

恐怕没有这么简单。

中国历史学家顾颉刚[①]对神话有一套完整的理论。他认为，神话是

[①] 顾颉刚（1893—1980），江苏吴县人。历史学家，曾任北京大学助教，中山大学、燕京大学教授、历史系主任等，文史杂志社总编辑，大中国图书局编辑所长兼总经理。新中国成立后，从事古史研究和古籍整理工作，任中国科学院、中国社会科学院历史研究所研究员和学术委员，第四、五届全国人大代表，第二至四届全国政协委员。他是我国"古史辨"学派的创始人，提出了"层累地造成的中国古史"学说。主要著作有《古史辨》《汉代学术史略》《三皇考》《中国疆域沿革史》等。

"层累叠加的历史"。他在研究神话时发现，神话反映了一定的历史。最早的神话是原始人根据当时发生的事件编造出来的。此后，一代又一代的人不断地编下去，新神话代替老神话，以至于最后的神话与原始人当初反映了一定历史的神话已经相去甚远。在人们眼里，神话就只是神话，不能当历史看待。实际上，神话是古代历史的一种反映形式。

美国学者撒加利亚·西琴（Zecharia Sitchin）是世界上少数几个能看懂苏美尔人楔形文字的语言学家之一，也是公认的研究古希伯来语（埃及象形文字）专家。西琴认为，无论是苏美尔人的传说还是埃及的神话，都不应该被理解为神话，相反，它们应该被理解为"新闻纪实"。西琴在他的代表作《地球编年史》系列书的姐妹篇《重回起源》中谈道，遭遇神迹是很多古代典籍一再出现的主题，从伊甸园到吉尔伽美什中所有的神或者女神，实际上都是指阿努那奇人。阿努那奇人被多部典籍描述为"神的儿子们""从太空船上下来的人"。西琴说："他们（指一些传统的研究专家）将这些文本当作神话看待，而我认为这些事情真的发生过。"①

西琴在法老像前

实际上，神话远非人们想象的那么简单，它应当引起人们重视，对其重新定义。从本质上讲，神话是信息积累和传递的手段，并非某些人的凭空编造，其中很多是人类经历的真实再现。神话是口述历史的一种形式，它首先在民间流传，流传中加上生活化、情感化、场景化等色彩，就成了神话传说。当然，在神话传说传播的过程中，由于认识的偏差、传播的误差，也由于神话自身在发展中也会融合、兼并其他同类型神话的内容，还

---

① ［美］J.道格拉斯·凯尼恩编撰：《被禁止的历史》，周子玉译，江苏人民出版社2011年版，第230页。

会或多或少掺入传播者的主观倾向，导致一些神话传说会严重变形，失去原来的模样。但无论如何演变，它口述历史的本质不会变。

我们应该相信，原始人在神话中想要告诉后人的，绝不仅仅是奇妙的幻想，更不是漫无边际的梦境，它要告诉我们的是某些真实的东西以及他们那个年代曾经发生的一些历史事件。那么，神话中都透露了什么信息呢？

我们先来看两个具体例子。

第一个例子，希腊神话。

希腊神话汇集了古希腊关于神、英雄、自然和宇宙历史的许多神话传说。口头传说的时间非常久远，成书于公元前8世纪。其中《荷马史诗》《神谱》全面记录了关于世界的形成、众神的起源以及人类史前的神话。我们来看看希腊神话中的神都是什么角色：

《希腊神话故事》封面

混沌之神卡俄斯（Khaos/Chaos）：天地未形，万物混沌，随后诞生了大地之母盖亚（Gaea）、地狱深渊神塔耳塔洛斯（Tartarus）、爱神厄洛斯（Eros）。混沌之神卡俄斯生下黑暗神厄瑞波斯（Erebus）与黑夜女神尼克斯（Nyx）。世界由此分明。

大地之母盖亚（Gaea）：第一代神。盖亚为万物之母，大地的本体，她诞生了天空神乌拉诺斯（Uranos）、海洋神蓬托斯（Pontus）和山脉神乌瑞亚（Ourea）等。接着她又和天神、海神生了许多神。她算得上是众神之母，是奥林匹斯神的始祖。

十二提坦诸神：第二代神。科俄斯（Coeus）代表天体，克利俄斯（Crius）代表自然力，克洛诺斯（Cronus）主司时间，许珀里翁

（Hyperion）是天上巡视之神。伊阿珀托斯（Iapetus）是男神，普罗米修斯之父。谟涅摩叙涅（Mnemosyne）是记忆女神，缪斯之母。欧申纳斯（Oceanus）是大洋之神。福柏（Phoebe）是光明女神。瑞亚（Rhea）是地母神。泰西斯（Tethys）是海之神。忒亚（Theia）是视力与光明女神。忒弥斯（Themis）是自然女神。

宙斯（Zeus）及诸神：第三代神。宙斯为奥林匹斯山上的主神，主宇宙、雷电、乌云。赫拉（Hera）天后，主婚姻、生育。赫斯提亚（Hestia）主炉灶、火焰。波塞冬（Poseidon）主海洋、马匹、海洋生物。德墨忒尔（Demeter）主农业、谷物、丰收。雅典娜（Athena）主智慧、艺术、女红。阿波罗（Apollo）主光明、预言、艺术、诗歌与医药。阿耳忒弥斯（Artemis）主狩猎、大自然、野兽。阿瑞斯（Ares）主战争、兵灾、尚武、战车、比赛。阿佛洛狄忒（Aphrodite）主美丽、爱情、性欲。赫菲斯托斯（Hephaistos）主火焰、铸造、手工。赫尔墨斯（Hermes）主旅行、商业。狄俄尼索斯（Dionysus）主酒、酿造、狂欢。哈迪斯（Hades）主冥界、灵魂。普罗米修斯（Prometheus）主智慧，普罗米修斯给人类盗来了火，还教会了人类许多知识和技能。

宙斯神庙

在神话典籍里，以上每个神身上都发生了许多具体而生动的故事，而且分工明确，逻辑合理，构成了一个互相呼应、互为补充的故事体系。仅这些神的角色分工就使我们感到惊叹：当时的世界，难道真是众神创造和众神主宰的吗？

第二个例子，仙女下凡。

中国东晋时期文学家干宝所著《搜神记》中的神话《田中毛衣女》是

这样记载的:"豫章新喻县男子,见田中有六七女,皆衣毛衣,不知是鸟。匍匐往,得其一女所解毛衣,取藏之,既往就诸鸟。诸鸟各飞去,一鸟独不得去。男子取(娶)以为妇,生三女。其母后使女问父,知衣在积稻下,得之,衣而飞去。后复以迎三女,女亦得飞去。"这则神话故事在西方民间故事工具书AT分类法中,编号为D361.1,被归类为"天鹅处女型"故事。而类似的故事遍布于全世界50多个国家和民族,已发现的各种文字版本有1200多篇。美国学者史蒂斯·汤普桑(Stith Thompson)说:"它是全球性的,均匀而又深入地遍布欧亚两洲,几乎在非洲的每一地区都能找到文本,在大洋洲每一角落以及在北美印第安族各文化区都实际存在。还有许多文本散见于牙买加、尤卡坦和圭亚那的印第安人中。"在我国的汉族、苗族、傣族、蒙古族、壮族、满族、哈萨克族和纳西族等20多个民族的民间故事典籍中,都可见到这一故事的踪影。由这一传说为原型改编的故事"天仙配"还被拍成电影,广为流传。

《搜神记》封面

这则故事告诉我们什么信息呢?《搜神记·田中毛衣女》中的这段文字虽短,却至少告诉了我们几个方面的信息。其一,有神仙从天上而来;其二,她们不是"一个"而是"一群";其三,她们借助"毛衣"飞行;其四,其中一位毛衣女在人间生有子女;其五,她去而复返,并带走了子女。我们发现,把这些信息串起来,就是一个完整的天外来客在地球生活了一段时间的信息链。而且类似的故事在世界各地区、各民族的神话传说中有着那么多相似的情节,难道这个故事确实在地球上发生过?

像混沌世界的记载、神造人的记载、众神降临的记载、人神共处的记载、大洪水的记载……各地神话和传说都有大体相同的情节。这些情节是如此惊人的一致，就好像出自同一个源头。这也反过来证明，神话和传说绝非出于个别人的想象。

要知道，在古时候，在以狩猎采摘和刀耕火种为特征的落后的生产力发展阶段，地区间的文化交流尚未形成，各地区的文明发展有很大的独立性。然而，在各个相对封闭的早期神话传说体系中，为什么会有令人惊奇的相似情节呢？这不能不使人想到，它们可能出自相同的背景，有着相似的经历，是对同类事件的不同描述。

综观古代神话传说，不管传播的地域是泱泱华夏还是异域他邦，也不管传播的人各自种族、语言、风俗习惯是多么的不同，宗教信仰存在多么大的差别，都有一个共性，这就是这些神话传说最原始和原生态的那一部分，总是同"天"有关，同"火"有关，同"飞"有关，同"超能力"有关。

中国神话传说很多是以"天"为中心展开的，许多神迹都和"天"有密切的关系。例如，"开天辟地"的神话，涉及盘古、伏羲、女娲、黄帝等神；"天梯"的神话，涉及伏羲兄妹、颛顼、柏高、十巫等神；"女娲补天"的神话，涉及女娲、祝融、共工等神；"嫦娥奔月"的神话，涉及嫦娥、西王母等神。

在外国的神话传说中，最古老的神和最被认同的神名称有"宙斯""耶稣""阿波罗""释迦牟尼"等。

被西方世界奉为经典的《圣经》，包括《旧约书》和《新约书》两部分，人们普遍认为它是一部宗教典籍。其实，抛开它那玄虚说教的光环，我们也可以把它当作一本普通的神话典籍来看待。特别是《旧约书》部分，记载了许多神仙从天而降、法力无边的情节。其中在《以西结书》有几段是这样描述"耶和华（上帝）"到来的："当三十年四月初五日，以西结在迦巴鲁河边，见狂风从北方刮来，随着有一朵闪烁着火的大云，周围有光辉。从其中的火内出现闪光的精金。""又从其中显出四个活物的形象来。就如烧着火炭的形状。这活物往来奔走，好像电光一闪。"

在古今中外的神话故事中，都有"从天而降"的情节，有"喷火闪电"的情节，有"飞毯"或是"羽衣"的情节，有"呼风唤雨""移山填海"等超能力的情节……它们是那样的巧合，那样的不约而同，这使我们很自然地推想：神话传递的信息，可能就是地球人类史前时期真实发生过的事！

从遗迹遗存的标识，到神话记载的情节，都指向一个共同的答案：在地球人类的史前时期，有来自外星的高智慧生物降临地球，介入了地球文明进程，带来了地球文明的一系列突变和飞跃。而对于地球人类而言，这一切都是"神"的所作所为。事实上，人类在文字、绘画产生之前，先有的仅仅是语言，在有语言而没有文字的年代里，原始人传播知识、追溯历史只能靠世代相传的口述形式。可以说，神话就是最接近我们想探知的那个年代的一种载体。

第三节　人类基因改造

人类是从哪里来的？到目前为止，除了一些美丽传说和各种未经证实的推测之外，并没有一个完全经得起推敲的答案。

大家比较认可的是19世纪英国伟大的科学家达尔文提出来的生物进化理论。他根据对生物界大量的观察与实验，认为物种的形成及其适应性和多样性是自然选择的结果，即生物为适应自然环境和彼此竞争而不断发生变异，适于生存的变异，通过遗传而逐步加强，反之则被淘汰。归纳起来就是12个字："物竞天择，适者生存，优胜劣汰。"根据达尔文的地球生物进化说，人类进化的总模式是：软体动物——脊椎动物——哺乳动物——灵长类动物——人类。但它始终不过是推测或者是假设。达尔文知道证明

英国科学家达尔文

进化论的唯一途径就是努力寻找化石证据，他最为苦恼的也正是支撑和证明进化论的化石证据并不完整。他曾承认从不开花植物到开花植物之间有"缺失的一环"。同样，能够证明人类是进化而来的过渡形态的化石更是缺失。就化石而言，古猿阶段漫长的数千万年时段难以精确界定不说，就说猿人阶段何时向古人阶段转变，古人阶段又是何时向新人阶段转变，过去凭借的依据仅仅是一些头骨或手足骨骼的化石，甚至仅仅凭借几颗牙齿。因此，这些分段只是模糊的概数，每个阶段的转变期中间都存在巨大的化石空白区。例如，考古学家已经证实，所谓的新人之后有4万年的化石空白期。这4万年里，正在进化中的人类跑到哪里去了呢？难道是跑到另外一个空间去完成进化了吗？因此，关于古人如何向新人转变，新人又如何向现代人飞跃，没有谁能说得清楚。现代人类起源问题遇到了前所未有的困惑和挑战。

现代人的产生是自然进化的结果吗？达尔文的进化论以及后来的新达尔文主义，从它一产生以来就处于争论之中。100多年过去了，科学的发展并没有使分歧统一，相反却使它不断扩大。1966年，在美国费城的威斯达学院召开了一次由一些数学家和生物学家参加的研讨会，会议的主题就是研讨达尔文的进化论。会上，许多学者认为，达尔文的进化论具有划时代的意义，但这一进化论中仍有许多漏洞，这些漏洞用目前生物学家的观点是无法弥补和解释的。他们得出共识：自然选择无法对某些生物的突变阶段作出解释，它不符合种群近似的结构共存原则。某些特定的差异有可能是突然发生的，而不一定是逐步发生的。

也就是说，达尔文的进化论认为生物各种功能的器官是由无数的、渐进的、微小的变化而来的。可是，无数事实恰恰说明，在人的进化中，有些复杂的器官不可能是进化累加而来的。

比如说，猿人满身的体毛是如何完全褪去，变成今天人体光滑的皮肤的？按照"适者生存"理论，浓密的体毛能够很好地起保温隔热和防止擦碰挫伤的作用，应该在自然进化中保留下来，但偏偏人类几乎没有了体毛的防护。古时只能靠兽皮、树叶等做护体之物。而兽皮能否得到是不确定的，难道"进化"会舍弃已有的皮毛优势而选择毫无防护能力的光滑皮肤劣势吗？

又比如说，人类的智力是怎样来的？人类学家认为，人的智力发展得益于两个条件：一是相对艰苦的生活环境，为了生存就需要更多的智力去获取食物；二是人的群居性，群居可以互相学习，以最高的智力样式互相传递，推动智力不断提高。可是，能够满足这两个条件的不仅仅是人类。对许多动物而言，它的生活环境很多时候比当年人类的生活环境要艰苦得多。同时，群居的动物也不在少数，蜜蜂、狼群都是群居动物。在符合这两个条件的情况下，其他动物的智力怎么没有发展起来？

有的学者认为，人的智力发展是由于人的大脑自然产生的。人脑的平均重量为1300克左右，是大脑比较发达的生物。但比人脑重的动物如大象、鲸鱼等，它们的脑重分别为4000克和7000克，可它们的智力和精神活动根本不能和人类相比。后来，又有人用脑容量与身体重量占比的差异来说明。人的脑占比是1∶38，大象是1∶500，猩猩是1∶100，似乎人占有绝对优势。但是，麻雀的脑占比是1∶34，长臂猿是1∶28，白鼠是1∶26，脑容量占身体重量之比均高于人类，可它们的智力又如何呢？因此，大脑自然产生智力的说法是有缺陷的。

随着人类大脑科学的发展，人们似乎发现了精神的来源地，那就是人的大脑沟回多，精神就像山沟里的泉眼一样源源不断地流淌出来。可是不久人们就发现，海豚的大脑沟回一点儿也不比人类少。而且人类大脑额叶沟回的结构与其他灵长类动物相比并无显著差别。这样看来，也不能按大脑沟回和额叶来判断智力的程度。人类的精神和智力怎样突变到现在这个程度，始终是个谜。

生物进化理论不能清楚解释人类的起源，倒是许多神话对人类的起源有过大量的记载。

几乎全世界所有民族的早期神话中,在解释人类起源时,都说是"神"创造了人。而且,从造人神话的内容、神话的结构,到神话的叙述方式,都是那么的相似。

基督教说是神创造了人类。《旧约书·创世记》第1章记载,世界初始时野地里虽有草木,陆地上虽有生物,但没有人。因为耶和华还没有降临。"神说,我们要按照我们的形象,按着我们的样式造人,使他们管理海中的鱼,空中的鸟,地上的牲畜,还有地上所爬的一切昆虫。"于是,神就用泥土造人,将生气吹进他的鼻孔里,他就成了有生气的人,他的名字叫亚当。接着,神让亚当沉睡,从他身上取下一根肋骨,造成了一个女人,她的名字叫夏娃。然后,蛇诱惑亚当和夏娃吃了树上的善恶果。于是,地球上有了人类。但是,蛇犯了诱惑人类迷情的错误,因此神惩罚它只能用肚子行走而饱受植物针刺之苦。

中国神话说是女娲创造了人类。据《风俗演义》记载,上古的时候,盘古从混沌中开辟了天地。临死化身,又创造了山川河流、日月星辰、草木虫鱼,但就是忘了造人。慈善的女娲取了一些黄土,掺些清水,和了一堆泥巴,然后用水照着自己的形象捏了一个小人,往地下一放。奇了,这

女娲造人

小东西竟然活了，蹬蹬腿，伸伸腰，围着女娲又唱又跳。女娲对自己的作品很满意，继续用手搓揉掺了水的黄泥，造了许多男男女女。女娲想用这些精灵般的小生灵去充实大地，但大地毕竟太大了，她忙不过来，于是用一根绳子伸到泥浆里，然后用力一挥，泥点溅落的地方立即出现了欢喜跳跃的小人。这些小人成群地走向平原、谷地、山林，从此，地球上有了人类。

此外，古希腊的神话说，人类是奥林匹斯山上的诸神创造的。新西兰的毛利人说，他们的来源是神取了河边的红泥和着自己的血捏出来的。澳大利亚的造人神话说，创世者用他的大刀割下树皮，在上面用泥土造成人形，然后向他们吹入生气造成的。非洲白尼罗河畔的希卢克人的神话说，创世者乔奥克决定造人，拿了一块泥土造了一个有两条腿、两条手臂和五官的人类。印第安人的神话说，创造人类的是"大者"。他首先用泥捏好一个人形，用树叶盖着，然后让太阳坐在旁边去烤，可没有想到，太阳把这个人给烤焦了，成了黑种人。"大者"又捏了一个泥人，让太阳坐在远远的山顶去烤，结果几乎没有烤到，而是被捂白了，就成了白种人。"大者"不甘心，又捏了一个泥人，这次不远不近，终于烤出了一个令"大者"满意的人种，这就是红种人——印第安人。

这些神话传说，地域不同，讲述人的种族不同，但都有惊人的一致性：都说人是由上帝或神创造的。古时候，不同地域、不同种族的人远隔重洋，语言不通，怎么会有这样惊人一致的造人神话传说呢？我们只能推想：人是被制造出来的！

难道人是可以被制造的吗？对这个问题的回答，现代科学发展到今天，应该已经不算是难题了。1953年，美国生物学家华生（Watson）、英国物理学家克里克（Francis Crick）发明了基因科学，并迅速形成了基因工程。通过多年研究，已经大体弄清楚了人的身体构成。我们每一个人体内都有100兆个细胞，每一个细胞都有一个由4个不同核酸构成的细胞核，称为DNA分子，它包含了人体的全部遗传信息。一个细胞就是一个完整的关于怎样构成身体每一个部分的指令库。目前人类基因组计划已经完成，人类可以通过DNA重组，按照人类的需要从不同种的生物基因中提取所需部分，进行分离、剪切、组合、拼接，然后把重新组合的基因完整移入一个细胞内，进行大量复制，创造出新的物种。1996年，英国生物学家成功地用母羊身上的一个活细胞克隆出了山羊"多利"。这实际上宣告动物克隆是可能的。既然动物可以克隆，那么，人是否也可以克隆呢？从纯技术上说，应该是不成问题的。

第一例克隆山羊"多利"

试想，我们人类的文明史加起来才不过6000多年，就能够达到接近于克隆人的技术水平，而在广大的宇宙之中，比我们的历史长、文明更久远、技术更高超的高智慧生物，如果他们来到地球，做出改造生物基因、创造新的人类的事情，难道还是问题吗？

关于人类的"创造论"问题，有不少科学家、权威学者对此有过系统的论述。美国学者道格拉斯·凯尼恩（Douglas Kenyon）在其论著《被禁止的历史》中，第一部分就是对现代人类进化论的质疑和对人类创造论的阐述。我国学者、历史学博士、史前文明研究专家李卫东①，著有《外星人就在月球背面》一书，其中第6章《人类的起源》、第7章《神造人的经过》，用了两章之多的篇幅来说明人类是外星高智慧生物用生物基因改造技术"创造"而来。此外，美国宇航局的空间技术专家莫瑞斯·查特兰（Maurice Chatelain）著有《远古外星人改变了人类基因和文明》，美国知名调查记者莱斯莉·琪恩（Leslie Kean）著有《人类是外星人的试验品？》，从书名就可看出他们持有同样的观点。还有很多学者也做过这方面的论述。

我们今天除了能读到前面所列举的"神用泥巴捏成了人"等神话，还能读到希腊神话、北欧神话、印度神话、中国的《山海经》乃至《荷马史诗》等多种典籍之中关于人神交合、半人半神的许多记载。

以《山海经》为例。《山海经》是中华民族最古老的奇书之一。它的内容之广博、知识之密集，为古往今来的人们所称道和叹服。就连"不为五斗米折腰"的晋代田园诗人陶渊明都折服于它的神奇，一口气写下了

《山海经》封面

《读〈山海经〉十三首》诗篇。其中第一首诗有"俯仰终宇宙，不乐复何如"的诗句，表达了他读《山海经》后的兴奋和通晓天下的畅快。《山海经》中除了有大量的地理、历史、医学等知识外，还记载了很多非人非神、半人半兽的生物。如《海外南经》载："神灵所生，其物异形，或夭或寿……"《大荒北经》载："北海之渚中，有神，人面鸟身。"《大荒东

---

① 李卫东，现任经济日报出版社编辑部主任，历史学博士。主要研究方向是中国古代民间宗教、神话及史前文明。中国史前文明研究专家，外星生命研究专家。其专著《外星人就在月球背面》被誉为"一部破解外星人踪迹真相的惊世之作"。

经》载:"有神人,八首人面,虎身十尾,名曰天吴。"此外,还有很多诸如"羽民国""毛民国""轩辕国(巨人国)""侏儒国(小人国)""犬封国""青丘国"等奇人怪物的描写。①

循着神话传说的线索,结合远古文明遗迹的考证和基因科学,我们能否这样猜想:现代人类是由外星高智慧生物完成的"基因改造的产物"。我们来看看2012年上映的好莱坞电影《普罗米修斯》。21世纪末,人类的科技水平已高度发达,克隆人技术和宇宙航行早已实现,不再是梦想。与此同时,许多科学家仍孜孜不倦追索着人类起源的秘密与真相。通过对许多古老文明的考察与对比,科学家伊丽莎白·肖(Elizabeth Shaw)和查理·赫洛维(Charlie Holloway)发现,人类可能是来自一个遥远星系的外星人创造的。在韦兰德(Weyland)公司资助下,他们乘坐宇宙飞船"普罗米修斯"号前往那颗未知的星球。经过对当地的考察,地球人的设想成功得到印证。

承接这部电影的情节,我们来想象一下:在距今20000—30000年前,地球早已从青春期进入了成熟期,剧烈的地壳运动和火山爆发活动也渐渐平息下来,繁盛了1亿多年的恐龙时代早已随着那场小行星碰撞的噩梦变成遥远的过去。冰河时代也早已成为历史。在这个充满勃勃生机的蓝色星球上,陆地上长满了各种植物,四季鲜花轮番开放,果实处处飘香。丛林里,自由自在地蹦跳着各种动物,鸟儿在空中飞翔,在枝头欢唱,狮虎象猿等哺乳类动物在森林里繁衍。尤其是灵长类生物猿人已经进化到了现在被称之为"新人"的阶段。海洋里各种鱼类和海猿、海豚、海豹等海洋生物在它们各自的领域里传宗接代,嬉戏畅游。这是一个比白垩纪之前的恐龙时代还要繁盛的、呈现更多生物多样性的太平盛世。

殊不知,早就有比地球生命发达不知多少倍的外星高智慧生物,注意

---

① 参见赵君秋主编:《山海经(插图版)》,北方妇女儿童出版社2010年版,第218、275、327页。

第二章 史前文明的证据

到了我们这颗太阳家族里的蓝色球体，他们决定把自己的生命基因移植到这个地球上，使自己种族的生命要素在地球上延续。于是，他们采用生命遗传基因培育、剪切、移植的办法，以地球新人身体结构为基础进行嫁接改造。他们从地球多种动物中选取有优势的DNA遗传信息，把食肉类动物和食草类动物的消化系统相融合，把新人的消化系统改造成两者功能兼容的消化系统，以适应多变的外部环境；他们把海洋生物海猿和海豚的皮肤遗传基因植入新人的皮肤遗传基因，使其皮肤变得光滑；他们还参照他们自己的身体结构，分别改造了身体各部分的比例结构和语音系统。当然，最浩大、最复杂的生物基因改造工程是大脑思维系统的改造，他们向新人输入了精神和意识基因遗传密码，使新人的思维和创造能力得到质的飞跃。

这一创新性的实验是一个艰辛、漫长的过程，是在反复试验的情况下完成的。有的试验是在母船实验室中进行的，有的只能带回自己的星球完成。刚开始的时候，实验进行得非常艰难，创造出了许多怪物，有身体像狮子的人，有头像海豹的人，有脚像马蹄的人，有巨人，也有侏儒，还有一些四不像的生物。而且，这些生物的性情更是千差万别，有的甚至难以把握。为此，他们一次次把不满意的作品推倒重来，直到试验出较为满意的为止。当然，为新人类产生而进行的生物适应性和稳定性试验是在地球自然环境中完成的。他们把用DNA重组技术加工好的较为理想而又能适应地球新人的受精卵植入地球新人的女性子宫之中，产生了我们称之为现代人类的胚胎，并使之能够实现自然繁殖。这样，经过一段时期配对、调整、适应性锻炼和信息沟通方面的调教等诸多工作，全新的现代人类终于诞生了。

新人类一经诞生，就显示出强大的生命力，并拥有了其他任何生物所没有的精神活动和思维能力，同时拥有了能够征服其他生物的创造力。他们以不可阻挡之势迅速繁殖，走出欧亚人陆，走向非洲，奔向美洲，奔向重洋中的各个岛屿，遍布全球。

　　需要说明的是，作者绝非否认达尔文的生物进化论。从一般意义上说，新的物种是由进化而来是普遍规律。但事物的发展是有偶然性的，或许现代人类的出现恰恰是这种偶然性的体现？

　　也许有一天，宇宙会给我们答案，告诉我们，人类其实是来自宇宙，来自一个比地球文明高级无数倍的星球！

第四节　黄金时代

在古希腊神话传说中，有一个在"众神"的治理下，文明战胜野蛮、善良战胜邪恶、人人各得其所、天下欣欣向荣的时期，他们把这一时期称为"黄金时代"，也有一些民族的神话把这一时期称为"金太阳时期"。这是一个什么样的时期呢？我国古书经典《定盦续集》卷二《壬癸之际胎观》有这样的记载："人之初，天下通，人上通；旦上天，夕上天；天与人，旦有语，夕有语。"[①]这句话就是指人类刚产生出来的那个时代，人与神的关系非常融洽，神会到人间来，人也可以到神那里去，甚至可以朝夕相处。在人类各民族大量的神话传说中，都有关于"人神相杂"、共同生活的美好记载。"神仙"不但自由往返于天庭与人间，而且指导帮助人类营造家园，改善生活，增进福祉……这是多么令人向往、令人留恋的时光啊！正是在这样美好的关系中，"神"完成了对人类的早期教育，传授给

---

① 转引自李卫东：《外星人就在月球背面》，重庆出版社2009年版，第283页。

了人类大量的知识和技能。所以,才有了"黄金时代"之说。

我们留心一下世界各地各民族的神话传说、宗教文化和古书典籍,就会发现一个共同的特点:上古社会里总是把文化的出现与神相联系,各原始民族总是把他们每一项文明成果的出现都归功于神的教导。

例如,在中国历史上有一位伟大的神灵,叫神农氏。《管子·轻重篇》说:"神农作,树王谷淇山之阳,九州之民乃知食谷,而天下化之。"《周易·鯀辞传》记载说:"包牺氏没,神农氏作。斫木为耜,揉木为耒,耒耨之利,以教天下。""日中为市,致天下之民,聚天下之货,交易而退,各得其所。"在《淮南子》里,有"神农尝百草,治百疾"的记载。这些典籍

神农氏

分别记载了这位伟大神灵为天下苍生传授农耕知识、制作生产工具、指导商务开市、发明中药中医等一系列伟大功绩,形成了被全世界至今称颂的华夏神农文化。

古巴比伦历史研究专家拜罗斯在他的著作中说过,远古的时候,一位名叫奥安奈斯的人定期出现在人们那里,向他们"传授文字,教给他们各种技术。教他们建筑城市,建筑寺院,制定法律,讲解几何学定理"[①]。在古埃及的宗教教义、古希腊的神话里,都有关于"智慧之神"来开化人们文化和智慧的记载。

在欧洲经典《爱诺克书》中,记载了神奇人物向人们传授知识的故事:"阿扎赛尔教给人们大刀、小刀、盾牌、甲胄等东西的制造方法,教他们看背后的方法。巴拉凯亚尔教他们观测星辰,克卡拜尔教识别符号,台姆汗尔教观测星象,阿斯拉蒂尔教人们认识月亮的运动。"这些神奇人

---

① 李卫东:《外星人就在月球背面》,重庆出版社2009年版,第284页。

物被认为是天神派下来的。

在墨西哥的神话中，记载了一位天神突然从东方出现，教给当地人法律、医学和种植玉米的技术，后来他乘着"蛇形筏"杳然而去。

日本北海道有一种很奇怪的白色人种，被称为阿依奴人，他们有一则神话说：智慧之神曾降临北海道，在人间停留了几个春夏秋冬，教给人们务农、做工、艺术和智慧。

以上这些上古神话和相关记载，告诉我们：人类的文明起源于"神"的教育。

在这里，"神"为何物？现在，我们可以猜测为，他们可能就是来自外星球的高智慧生物。他们来到地球，在成功改造了地球生物、创造出新的人类之后，并没有满足已有成就，而是继续开化、发掘人类已具备的智慧潜力，教导他们掌握各种知识和技能。可以想象，在人类初期，大脑的智力还没有完全被开发，不可能接受高深的理论。因此，人类最初接受的教育，主要是一些实用技术和常用的知识。

羽蛇神金字塔

外星人首先通过遗传、移植、灌输、示范等办法对人类中的精英人物传授种种知识与技能，使他们率先开化，成为"神人"和"超人"，他们又去教化更多的人。因此，这段时期人类的实用技术和科技水平有了突飞猛进的发展。有了文字以后，这一过程就被记载为神话和宗教教义。

过去，我们在研究古代文明遗迹遗存时，一直存在很多困惑或者被称之为未解之谜。例如中美洲玛雅坛庙的设计、蒂亚瓦纳科城石墙、普玛彭古的石头构件所体现的几何知识和切割磨削技术，埃及的金字塔所包含的天文学知识，建造金字塔的切割、搬运和堆砌技术，中国古老的中医术包括经络、阴阳、针灸、中草药治病等高超医术，等等，很难与当时人类所处的刀耕火种、结绳记事的时代相吻合，也大大超前于当时人类所拥有的知识积累。现在我们终于可以理解了：由于有了外星高智慧生物的直接参与，人类智慧和技术水平发生了一个质的飞跃，使地球文明出现了一个不可思议的突变期。距今1.2万—2万年前，人类突然变得聪明起来。精美的工具、原始农业、畜牧业、酿造业、建筑业、冶金业、天文学、数学等就好像一夜之间冒了出来。这就是因为有了这段"人神共处"的时期，也就是外星人教化人类的"黄金时代"啊！

这段时期的地球文明究竟发展到了什么程度呢？我在这里简要列举几个流传着的具有可能性的说法。

地理、航海　有一种推测性说法：外星人创造了地球新人类后，第一件事就是要将他们分派到全球各地去繁衍生息。要教会他们懂得地理知识和学会造船、驾船和航海。除前面提到的具有高空俯瞰效果又非常实用的土耳其皮里雷斯将军的航海地图之外，还有1531年发现的奥隆丘斯·弗纳尤斯的一张古地图，详细绘制了各大洲地形地貌和航海路线，只不过上面标明西伯利亚和阿拉斯加几乎是连着的，反映的是大西洋海岸1万多年前的地貌。这些地图只能解释为是在外星人的指导下绘制的，是外星人教导人类懂得了当时的地理和航海。1559年，另一张土耳其地图也精确地画出了南极大陆和北美的太平洋海岸线。令人惊讶的是，在这张地图上有一条狭窄的地带，像桥梁一样把西伯利亚和阿拉斯加连在了一起。地图显示的应该是1万多年前的白令海峡，这张地图的作者对1万多年以前的地球地貌了如指掌，简直不可思议。

冶金、铸造 1965年，在我国湖北江陵发掘的一号楚墓中，发现了一把奇特的剑，此剑长55.7厘米、宽4.6厘米。剑刃依然锋利。剑身饰满黑色菱形几何暗花纹，剑格正面和反面分别用蓝色琉璃和绿松石镶嵌成美丽的纹饰。剑身一面近格处刻有鸟篆铭文"越王勾践自用"字样。人们疑惑不解：即使是越王勾践的剑，也已埋藏2000多年，即使是青铜也会生铜锈，它为什么没有锈蚀呢？1977年12月，上海复旦大学静电加速器实验室的专家们与中国科学院上海原子核研究所活化分析组采用质子X荧光非真空分析法对越王勾践剑进行了无损科学检测，做出了剑身合金成分的准确数据，表明该剑是由铜、锡以及少量的铝、铁、镍、硫组成的青铜合金。宝剑的尾部是圆锥体，饰有极其规整的11个同心圆，剑刃锋利，其精磨加工技术即使现在用现代精密机床加工都很难做到。最让人惊叹的是剑身表面是经过硫化铬处理的，而硫化铬表面处理技术是德国于1937年、美国于1950年才发明的，并且分别申请了专利。

像这样不可思议的技术成果不止一例。我国文物专家袁仲一在《秦始皇陵兵马俑研究》中有这样一句话："一号兵马俑坑T2第十一过洞的一把青铜剑，出土时因被陶俑碎片压倒而弯曲，当把陶俑碎片拿掉后，剑身立即反弹恢复平直。"这就说明这把剑有"记忆金属"的性质，又叫形状记忆合金。这项技术最早出现于20世纪70年代的材料科学中。如果没有地外文明的指导，古人怎么能有这样高超的冶炼和铸造技术呢？

纺织术 2000年，美国伊利诺伊大学的奥尔加·索弗（Olga Soffer）博士及其同事在捷克斯洛伐克共和国境内发掘出来的90多块陶土碎片上，发现有纺织物印痕。这些痕迹展现了多种纤维编织技巧，包括缠结、平织等编织法。其中平织必须使用织机才能做到。据测定，这些陶片距今有1.5万—2万年的历史。根据这一发现，索弗等对在欧洲其他地区发现的一些史前塑像也进行了研究。有些女性塑像头上有一些像发辫一样的缠结物，以前一直以为是一种发式。索弗博士认为，这应该不是发式而是帽子。由此可见，那时就已经有了精良的纺织品。而人类纺织术的出现，考古学界过去一直认为是在距今约5000年农业文明出现之后才开始的。

中医学、脑外科学 中医学是人类医疗科学中的瑰宝。中医治病的原理与现代西医治疗的原理有很大区别。西医治病是"实"的，病变在何处，用仪器检测，有病菌就用抗生素杀灭，有肿瘤或坏死组织就用手术刀切除。而中医治病，给人的感觉是"虚"的。它讲的是经络、阴阳、虚盛。主要凭借调阴阳、通经络来解决病症问题。中医里的经络系统，现代科学并不能证实它存在的实体结构是什么样子。中医强调的阴阳，更是玄而又玄，而且贯穿养生和治疗疾病的全过程。可以说，没有阴阳，就没有中医。但是，人们只知道中医是一门很古老的医术，它是什么时候创立的，没人说得清楚。而创立这套中医技术的人是谁，更没有人知道。中医这种不可知、不可证的特点，只有一个解释，那就是在远古的史前社会，就由外而内地向人类灌输了这一套玄奥而又管用的医术。

《黄帝内经》封面

现代医学中的脑外科手术是近代很晚才发展和完善起来的，这项医术堪称是医学皇冠上的明珠。但是，据《史记·扁鹊仓公列传》记载，扁鹊是中国历史上一位很古老的名医。文献记载了他在那个非常久远的时期，就能"割皮解肌，诀脉结筋，搦髓脑，湔浣肠胃，漱涤五脏，练精易形"，其中"搦髓脑"指的就是做开颅手术。1995年，在山东广饶傅家大汶口文化遗址392号墓中，也发现了距今5000年以上的一成年男子的头骨上有一个圆洞。经山东省文化厅组织考古学家和医学专家考证认定，此人做过开颅手术，而且手术是成功的，手术后病人至少又活了两年时间。这些超前于人类文明历史发展水平的医术是从哪里来的？

建筑、雕刻和绘画 史前人类留下来的建筑遗迹、雕刻和绘画遗存，分布于世界各地，是使当代人们最不可思议和引发遐想的历史悬疑。

墨西哥特奥蒂瓦坎古城

位于墨西哥东南部的特奥蒂瓦坎古城，是一个规模宏伟的远古建筑群。巨大的石块砌成的围墙，雄伟的城门，石砌的平台构成格局严整的城池。城中的大道宽阔庄严，道路两侧布满建筑。其中左侧是阶层式的亚卡帕那金字塔，右侧是卡拉萨亚平台建筑。仅从建筑遗迹的恢宏和它构造的严谨，就足以使人产生神秘感和敬畏感。无论从哪个方面来说，它都是超前于之后许多建筑水平的一个远古城市样板。位于地中海克里特岛上的米诺斯文明，其标志性建筑为诺瑟斯古城堡。诺瑟斯遗址属多层建筑结构，其中有几层在地下，其建造之奇，藏品之丰，为世人惊叹。墙上还有以海洋生物、雄壮公牛、舞蹈女郎为题材的色彩艳丽的壁画。位于中东的美索不达米亚地区的尼尼微古城，被考古学家们视为文物的"富矿带"。尼尼微城宫殿里有一处巨型浮雕，记载了人类神秘而辉煌的过去。

位于中美洲安第斯山脉地下，有一条深邃恢宏的隧道，发现于17世纪。在隧道中有涂着釉面的墙壁，加工得平整光滑的岩石门洞和洞顶。隧道内有无数奇异的史前文物，包括一本在许多神话传说中提到的金书。隧道的精致与严密、宏大与神奇，使前去考察的考古学家认为这是世界上最神奇的古代工程，也是最难破解的谜。为了保护该隧道，秘鲁政府把隧道入口封闭起来并严加看守。它已被联合国教科文组织列为世界文化遗产。

以上列举的这些文明遗迹遗存，只是众多不可思议的史前文明遗迹遗存的一小部分。这些遗迹遗存，现在来推断，有的可能是外星人在所谓"人神共处"的"黄金时代"设计和建造的，有的则可能是古代人类承袭了外星人传授的技艺而制造的。

人类远古"黄金时代"所创造的辉煌，真的值得现代人类好好地去追寻，也着实令人着迷，人们真的想穿越回去一睹她那迷人的风采。可是，这些文明真谛怎么就没有得到很好的传承呢？地球人类的史前文明真的失落了吗？

第三章
失落的史前文明

地球人类的史前文明是否曾经消失？现代科学已认识到，一切事物发展皆有周期性。人有生老病死的更替，社会发展有周期性，同样，地球文明的发展也很可能有周期性。事实上，地球发生周期性灾变的例证很多，如地震、洪水、火山、外来星体（包括陨石、彗星）撞击、大陆板块的升降、气候突变等，都可以导致地球文明进程的倒退与反复。有人提出在我们这个地球上发生过多次文明的兴替与反复，本书不参与这一问题的探讨，仅仅对距今不过数万年，下限甚至距今不到一万年的史前文明进行追溯。那么，就让我们来看看，地球文明发展中值得追溯而且具有代表性的史前文明有哪些，这些史前文明又是怎样失落的。

第一节　玛雅文明

在地球文明史中出现过玛雅文明已是不争的事实。自从1839年美国人约翰·劳埃德·斯蒂芬斯（John Lloyd Stephens）在洪都拉斯的热带丛林第一次发现玛雅古文明遗址以来，世界各国考古人员在中南美的丛林和荒原上陆续发现数万处被弃的玛雅古代城市遗迹。已探知的玛雅文明范围北起墨西哥的尤卡坦半岛，南至危地马拉、洪都拉斯，直达安第斯山脉，面积约30万平方公里。

对玛雅文明遗址的发掘与考察已经持续了一个多世纪。2008年以来，又有美国考古专家团队在弗朗西斯科·埃斯特拉达－贝利（Francisco Estrada-Belli）的带领下对玛雅遗址进行数据还原。他们利用一种名为激光探测（LIDAR）的技术从空中观察危地马拉的茂密丛林，巧妙地将树冠从图像中移除，发现在中美洲茂密的丛林下隐藏着大量玛雅文明的遗迹，如祭坛、屋宇、道路、运河，甚至金字塔。研究人员利用这项技术，得到了新的玛雅城邦分布图。地图显示，玛雅文明遗迹比过去估计的密度可能还要大，文明的程度可能还要高。①

玛雅遗迹中雄伟壮观的蒂卡尔城，从整体设计上看，连许多现代城市的设计师也自叹弗如。城中心的帕伦克宫，殿面长100米、宽80米。乌克斯玛尔的总督府，由22500块石雕拼成精心设计的图案，

墨西哥奇琴伊察文明遗址

分毫不差。奇琴伊察的武士庙，屋顶虽已消失，那巍然耸立的1000根石柱仍然令人想起当年的气魄。在尤卡坦半岛和现在危地马拉的一些地方还可以看到玛雅人留下的许多巨大金字塔、神殿和一些古建筑。建造金字塔的巨石据推测来自10公里以外，表明玛雅人不仅能开采出数吨重的大石头，还能把它们切成块状，再堆砌成高达70米的金字塔结构，其建筑水平令人咋舌。

根据考古学家对奇琴伊察、蒂卡尔、帕伦克等地巨型建筑的考察，这些建筑并非出自玛雅人实际生活的需要，而是严格依照神奇的玛雅历法周期建造的。玛雅的历法非常复杂，有以260日为周期的卓尔金星年历、6个月为周期的太阴历、365日为周期的太阳历等不同

丛林掩映中的玛雅文明遗址

周期的历法。卓尔金星年历法把一年分为13个月，每月20天。这种历法

---

① 据参考消息网2008年10月7日报道，美国考古学家弗朗西斯科·埃斯特拉达－贝利和他率领的专家团队，在危地马拉佩滕盆地应用激光测绘数据处理技术，确认了分布在方圆2000多平方公里区域内6万多座玛雅文明的建筑。这项研究的详细结果发表在2008年的《科学》杂志上。

不是以地球上所观察到的任何一个天体的运行为依据的，可能是玛雅人的祖先依据一个至今我们尚不知道的星球制定的。玛雅人测算的地球年为365.2420天，与现代人测算的365.2422天相比，误差仅0.0002天。他们测算的金星年为584天，与现代人测算的结果误差仅为7秒。几千年前的玛雅人怎么能有这么精确的计算？他们还创造了20进位计数法，他们的数字演算可推演到20金奇盾（即23040000000）以后。这样庞大的天文数字，只有在现代星际航行和测算星空距离时才用得上。

随着对玛雅文明的进一步考察，人们发现有不少精美绝伦的石雕、绘画和青铜艺术，有许多铭刻在石碑上的碑文，都是用符号和图形组成的象形文字。通过对玛雅文化遗存分析和当地神话解读分析，人们又惊奇地发现，神秘的玛雅人有着无与伦比的数学造诣，有着独特的谜一样的文字，还有着难以解释的天文学知识。考古学家认为，这一切表明这里曾经生存着一个具有高度文明素质的民族，而且至少持续了3000年。

在玛雅的历法中有一个关于太阳纪的预言。他们认为，地球经过四个太阳纪后进入了第五太阳纪。而第五太阳纪开始于公元前3113年，经过5125年一个周期后，于公元2012年12月22日结束。

显然，玛雅人这些精确的天文历法和数学知识，这些令全世界景仰的文明技艺，都远远超出了当地印第安土著那几近原始生活的实际需求。即使到了16世纪，西班牙人在布满古迹遗址的尤卡坦半岛上看到的印第安人，还是住在以树叶和泥巴糊的茅屋里，以采集和狩猎勉强糊口。这使人不能不产生深深的疑惑：古代玛雅人是怎么得到那些高深知识的？玛雅文明究竟是怎样产生的？后来又为何在辉煌繁盛之时戛然而止销声匿迹？

1952年6月5日，人们在帕伦克古城一处神殿的废墟里发掘出了一块刻有人物和花纹的石板。当时人们仅仅把这当作玛雅古代神话的雕刻。但到了20世纪60年代，人们乘坐宇宙飞船进入太空后，那些参与过宇航研究的美国科学家才恍然大悟：帕伦克那块石板上雕刻的，居然是一幅宇航员驾驶宇宙飞船的图画！上面标明的操纵杆、脚踏板、天线，软管及各种仪表清晰可见。于是，有学者推测，在遥远的古代，美洲热带丛林中可能来过一批具有高度文明的外星高智慧生物，改造、教化了玛雅人的祖先，并传授给了玛雅人各种先进知识，然后飘然而去。他们被玛雅人认为是天神。也许外星人离去时，向玛雅人许诺将重返地球。但在玛雅人祭司预言天神返回的日子，这些外星人并未返回。于是，这导致了玛雅人对其宗教和祭司统治的信心丧失，进而引起了心理崩溃，终于使他们离散他乡，导致了玛雅文明的消失。

玛雅遗址中的古代石雕（图中人物被认为是宇航员）

为解开玛雅文明消失的千古之谜，美国一支包括考古学家、生物学家和营养学家在内的共45名学者组成的科学考察队，用了6年时间对玛雅文明进行考察研究，得出以下几个推论：一是因为高温干旱。在玛雅文明鼎盛阶段，出现了比以往高出很多的高温天气，而年降雨量减少了一半以上，生存环境迅速恶化导致玛雅人远走他乡。二是因争夺资源而发生战争。人口密度过大导致资源消耗过快与环境破坏，发生了资源争夺战争，导致玛雅文明的消亡。三是神权体制下过度的祭祀行为。玛雅王族和祭司将崇拜神灵的祭祀活动作为自己的全部使命，不断修建神庙向神献祭，频繁而隆重地祈祷神灵，造成人力、物力和资源的浪费，陷入不可救药的恶性循环。四是外敌入侵。玛雅人生性仁慈，不擅武力，所以遇到外界的侵扰，总是处于弱者的地位而经常以失败告终，导致集体迁移。五是外星人的指令。玛雅人的祖先很可能是外星人，当玛雅人因气候变化、资源不足、自然灾害及其他部落袭扰导致无法生存时，就可能会下达动迁指令，对地球上的玛雅人进行太空大转移，让大部分玛雅人迁往另一个星球生活。

时至今日，仍有200多万玛雅人后裔居住在危地马拉低地，以及墨西哥、伯利兹、洪都拉斯等处。但是，玛雅文化的精华已经消失殆尽。

第二节　印度远古文明

印度河是人类文明的发源地之一。在印度河流域诞生的远古文明以其异常丰富、玄奥和神奇的特点深深地吸引着世人，在地球文明发展史上有着独特的地位。

1857年，人们在印度南部的一座古庙里发现了一份破旧不堪的古梵语手稿，作者是3500多年前的印度圣贤玛赫西，即《玛赫西手稿》。该手稿1974年被译成英文，2018年由同济大学教授沈海军团队翻译成中文。这份梵文手稿中，详细记载了一种叫"维曼拿"（Vimanas）的飞行工具，亦称"战神之车"。这种战车结构复杂，神奇无比，其飞行速度若换算成现代计算单位为每小时5700公里。在印度南部的甘吉布勒姆的多处神庙中，现在还有很多浮雕，有的门柱像飞船，有的天神像戴着面罩。其中最有名的雕像叫"象头神"，其象鼻人身的形象成为印度远古文明的突出特征。

印度远古文明中最著名的是两座古城遗址，即哈拉帕和摩亨佐·达罗（印度语为"死亡之谷"）。位于现巴基斯坦境内的摩亨佐·达罗古城是印度河流域最大的远古城市遗址。当人们发现这座距今5000多年的城市遗址时，都感到十分惊讶。摩亨佐·达罗古城的上部建筑虽已荡然无存，但城基、房基保存完好，其中街道、水渠历历可见。城址呈长方形，占地7.77平方公里，估计当时居民约3.5万人。城墙、公共建筑和部分路面、上下水道，都用煅烧的砖制成，是一座地地道道的砖城。这就有别于同时期各地常见的土城和石城，可见其建筑材料已非取自天然而是人为制造。

古印度哈拉帕文化遗址

在哈拉帕文明的遗址上，考古学家发现了古哈拉帕人使用的一种文字。它主要刻在陶土、象牙和铜制成的方形印章上，因此被称为印章文字。迄今为止，哈拉帕文化遗址出土的印章已有2500多枚，大多为2.5平方厘米，也有长方形的。印章正面刻着铭文，反面有穿孔的突出物，便于人们悬挂。一些字符有象形文字的特点，但更多的是两个或更多的符号组合而成。它的书写方式很是特别：如果是两行以上的文字，上一行是从右往左写的，下一行就会变换书写方向，即从左往右写，如此交替着变换方向。印章上的铭文经常伴有各种图案，其中出现最多的是独角兽。在出土的1755枚有图像的印章中，1159枚刻有独角兽形象。印章上刻画的符号很多，但能鉴定出来的只有400多个。人们想通过这些印章文字来了解哈拉帕文明，可惜还是十分有限。

古印度有一部著名的史诗《摩诃婆罗多》，写成于公元前1500年，距今有3500多年。而书中记载的史实则比成书时间要早得多。此书记载了居住在印度恒河上游发生的科拉瓦人和潘达瓦人、弗里希尼人和安哈卡人两次激烈的战争。

第一次战争的描述非常惨烈："英勇的阿特瓦坦，稳坐在维马纳（类似飞机的飞行器）内降落在水中，发射了阿格尼亚（类似火箭的武器）。它喷着火，但无烟，威力无穷。刹那间，潘达瓦人的上空黑了下来。接着，狂风大作，乌云滚滚，向上翻腾，沙石不断从空中打来。""太阳似乎在空中摇曳，这种武器发出可怕的灼热，使地动山摇，大片的地段内，动物倒毙，河水沸腾，鱼虾等全部烫死。阿格尼亚爆发时声如雷鸣，敌兵烧得如焚焦的树干。"

第二次战争的描写更令人心惊胆战："古尔卡乘着快速的维马纳，向敌方三个城市发射了一个火球。此火球似有整个宇宙力，其亮度犹如万个太阳，烟火柱滚滚升入天空，壮观无比。""尸体被烧得无可辨认，毛发和指甲脱落了，陶瓷器碎裂，盘旋的鸟在天空中被灼死，人畜皆被烧死，食物皆染毒素……"

长篇史诗中描写的这些令人无法想象的惊恐场面，难道仅仅是文学夸张吗？许多科学家、考古学家坚信，当时摩亨佐·达罗古城一定发生了一件巨大的异常事件。后来，考古学家在发生上述战争的恒河上游发现了很多已烧成焦土的废墟。这些废墟中有大块的岩石被黏合在一起，表面凸凹不平。摩亨佐·达罗古城许多坍塌的建筑物都有承受高温的痕迹，还发现了一些"托立提尼"（玻璃化）物质。这种物质只有在瞬间高温熔化物体表面而又迅速冷却才会形成。在摩亨佐·达罗古城出土了大量遗骨，有的在居室里成排倒地而死，有的遗体用双手盖住脸。可以肯定，所有的人都是在突然状态下死去的。印度考古学家卡哈对出土的人骨进行详细的化学分析后说："在受检测的九具白骨中，发现均有高温灼烧的痕迹。"

摩亨佐·达罗古城遗址里的"玻璃石"

这些证据表明,史诗中描写的并不是"想象的文学夸张",可能是确有其事。能使岩石熔化,最低需要1800度,是什么东西能够在瞬间达到这个温度呢?直到美国在日本广岛和长崎投下两颗原子弹之后,人们才恍然大悟:这些描写极有可能是原子弹爆炸的景象!两次战争分明是核战争!

你看,废墟中的"玻璃石"与今天的热核试验场的"玻璃石"完全一致。史诗中描写的景象就跟现代核武器爆炸时产生的光辐射、冲击波等情形何其相似!英国著名化学家、诺贝尔奖获得者弗雷德里克·索迪(Frederick Soddy)认为:"我相信那时的人类已熟悉原子能,但由于滥用,使他们自己遭到了毁灭。"

在印度这块土地上,远古时期究竟发生过什么,成为考古学家与历史学家争论不休的话题。

第三节　亚特兰蒂斯：消失的大陆

亚特兰蒂斯（Atlantis）是一个传说中的拥有高度文明的古老大陆、国家或城邦之名，相传在12000年前被史前大洪水毁灭。数千年来，它引起众多史学家、考古学家、哲学家、文学家的关注和研究，有的为之付出了毕生的精力。但是，到现在为止，有关亚特兰蒂斯文明的存在与否、内涵与外延、准确地点、如何消失等基本问题都还没有一个公认的结论。

关于亚特兰蒂斯最早的描述出现于2000多年前的古希腊哲学家柏拉图（Plato）的著作《对话录》里，之后陆续有上千本书提及亚特兰蒂斯。柏拉图在《对话录》中记录了由其表弟柯里西亚斯叙述的亚特兰蒂斯的故事。柯里西亚斯是苏格拉底的门生，曾在对话录中三次强调亚特兰蒂斯的真实性。柯里西亚斯说，故事是他的曾祖父从一位希腊诗人梭伦（Solon）那里听到的。梭伦在古希腊七圣贤中以睿智著称，梭伦在一次埃及之旅时从埃及老祭司松契斯那里听到了亚特兰蒂斯的故事。①

柏拉图在其《蒂迈欧》和《柯里西亚斯》两本著作中描绘了亚特兰蒂斯的景象：在西方遥远的大洋上，有一个高度文明的大陆，也就是传说中的"大西洲"或"大西国"。国中所有建筑物都以白、黑、红色的石头建造，美丽壮观。大陆盛产黄金白银，首都波塞多尼亚（海神市）的宫殿围墙用黄金做墙根，用白银做墙壁。宫内所有墙壁镶满黄金，金碧辉煌。该大陆建有环状运河，拥有设备完善的港埠及船只，还有能载人飞翔的飞行器，建有造船厂、赛马场、兵舍、体育馆和公园，有温泉，等等。除此之外，亚特兰蒂斯建有大量的庙宇，如波塞冬神殿和其他寺庙等。据柏拉图的记述，在数千年的时间里，亚特兰蒂斯始终都繁荣祥和，但后来亚特兰蒂斯的首领逞强炫富，穷奢极欲，并且组建了一支由75万人和为数众多的战车构成的庞大军队，发动了征服世界的战争。其庞大的势力范围不仅限于周边的大西洋诸岛，还远达欧洲、非洲和美洲。这种违背上帝旨意的行为，导致天神震怒，遭到大自然的惩罚，在一场火山爆发引起的大地震和大洪水之后，亚特兰蒂斯顷刻之间沉入海底。

地球历史上究竟有没有这个大陆？一个世纪多以来，人们以这个大西国的传说为基本线索，科学界则沿用柏拉图提出的名字——亚特兰蒂斯，在全球范围内寻找亚特兰蒂斯沉没的地址。有的人说它位于塞浦路斯南部海域，有的人认为亚特兰蒂斯其实就是现在的克里特岛，有的人说它可能就是现在的南极洲，有的人认为它沉没于现在的爱尔兰岛一带，也有的人认为它位于西班牙加的斯海附近。这些考证似乎都有依据，但都被一一否定了。大家比较倾向认同的还是很久以来在大西洋洋底的种种发现。

---

① 参见［美］莫瑞斯·查特兰：《美国宇航局核心科学家承认：远古外星人改变了人类基因和文明》，蒲雯玥译，江苏文艺出版社2012年版，第138页。

大西洋的水下遗址

1898年夏,有一艘船在布雷斯特同科德角之间敷设电缆,发现这一带海底具有陆地山脉的特点,岩石上没有淤泥,顶端呈尖锥状。船员们带回一块岩石,引起法国地质学家皮埃尔·泰尔米埃(Pierre Termier)的极大兴趣。他认为这块玄武岩石过去曾露出水面,在地壳激变中,此处下陷了3000米,这块"玄武玻璃"在水中一直未变硬,在空气中却坚硬起来。这块"玄武玻璃"至今被保存在法国矿业学院。

自20世纪60年代以来,在大西洋西部的百慕大海域、巴哈马群岛和佛罗里达半岛等附近海底,接连发现许多海底奇迹。1967年,美国飞行员罗伯特·布拉什驾驶飞机在大西洋巴哈马群岛低空飞行时,发现水下几米处有一巨大长方形物体。1968年,美国一考察队在安德罗斯岛附近海底发现一座古代寺庙遗址。以后陆续在这一带的大西洋底发现其他岩石建筑,其中有防御工事、墙壁、船坞和道路等。海底建筑的排列和形状,与传说中的亚特兰蒂斯高度一致。

20世纪70年代初,考古学家来到大西洋的亚速尔群岛附近,从800米深的海底取出岩心,经过科学鉴定,此地在12000年前确为一片陆地。

种种迹象表明:从亚速尔群岛到百慕大群岛的大西洋底,距今12000年前,这里经历了"悲惨的一昼夜",一个高度文明的古代大陆顷刻之间沉没于大洋底下,这就是亚特兰蒂斯,也就是传说中的大西国。

有一本经书叫《多基安之书》(The Book of Dzyan)，其中记叙了在公元前9564年有一块面积很大的陆地沉入了西边的海洋。19世纪中期，美国考古学家德奈利（Denali）经过多年考证，出版了研究成果《亚特兰蒂斯——太古的世界》一书，提出有关亚特兰蒂斯大陆的13个基本观点，其中包括柏拉图记述的亚特兰蒂斯故事的真实性不容置疑、圣经《创世纪》中描述的"伊甸园"即指亚特兰蒂斯等观点，被誉为"亚特兰蒂斯学之父"。

加拿大画家汤姆·米勒画出了亚特兰蒂斯沉没时的情景

作为史前文明的亚特兰蒂斯文明真正的情形是怎样的，还需要时间和科学来证实。

第四节　大洪水的浩劫

在世界各地不同民族的古老传说中，都有一个关于上古时期发生了一场大洪水的描述。这场大洪水造成人类几乎毁灭，其惨烈程度和留给后人的记忆，是那样的震撼、深刻和难以磨灭！全世界已知的关于大洪水的传说有600多则。如中国、日本、马来西亚、老挝、泰国、印度、澳大利亚、希腊、埃及和非洲、南美、北美土著等，不同国家和民族的神话传说和典籍中都保留着对一场大洪水的记忆。

中国西南关于大洪水的传说，讲述在很久以前一次倾盆大雨倾泻之时，雷公把一颗牙齿交给住在山脚下的兄妹俩，说："赶快种在土里，如果遇到什么灾难，可以藏在所结的果实里躲过。"他们的父亲见大水猛涨，连夜赶造木船。兄妹俩则把雷公的牙齿种到土里，转眼间就结出了一个巨大的葫芦。他们挖出里面的瓢钻了进去。第二天，洪水汹涌而来，大水淹没了房子，又淹没了高山。坐在木船里的所有人被咆哮的洪水卷走了，只有躲在葫芦里的两个小孩幸存下来。哥哥叫伏羲哥，妹妹叫伏羲妹。长大以后，他俩结为夫妻，人类又重新开始繁衍。

秘鲁印第安人的传说，大神巴里卡卡来到一个正在举办庆典的村庄，没有人理睬他，只有一位善良的姑娘给了他一点儿酒水。巴里卡卡告诉她，这个村庄几天后便要毁灭，叫她找一个安全的地方躲起来。结果五天之内爆发了洪水，一夜之间便把整个村庄毁灭了，大水一直淹到了高山。

印度有一则传说，有一个名叫摩奴的苦行僧在恒河沐浴，无意中救下一条被大鱼追吃的小鱼，他将这条小鱼救回家，放到水池中养大，又送回恒河里。小鱼告诉他，今夏洪水泛滥，将毁灭一切生物，它让摩奴做好准备。摩奴造好一条大船后，洪水铺天盖地而来，小鱼紧紧护卫大船，还用尽力气把大船拖到安全的地方。此后摩奴的子孙繁衍，成了印度人的始祖。

在古代典籍中有许多关于大洪水的记载。

《山海经·海内篇》记载："洪水滔天，鲧窃息壤以堙洪水。"《淮南子·览冥训》记载："望古之际，四极废，九州裂，天不兼覆，地不周载，火炎炎而不灭，水浩浩而不息。"《尚书·尧典》记载："汤汤洪水方割，荡荡怀山襄陵，浩浩滔天。"

在印第安基奇埃族，一本名叫《波波尔·乌夫》的古书对灾变有如下描写：发生了大洪灾……人们拼命地跑，他们爬上房顶，但房子塌毁了；他们又爬到树梢，但树又倒落下来。人们在洞穴里找到避难的地点，又因洞窟塌毁而夺去了人们的生命。

夏威夷自古流传下来的颂歌《库木里坡》这样描绘这场大灾难：人们听到了自然在怒吼，看见波浪起伏，大地发出轰隆隆的声音。海浪高过了整个大陆。第一任族长留在了寒冷的高地。但死亡依然降临了，从地球肚脐来的水流冲了进来，很多人消失了。大浪中活下来的只有库阿穆（Kuamu）。库阿穆就是传说中的"穆"文明传颂的真正的勇士……①

---

① 参见［美］J.道格拉斯·凯尼恩编撰：《被禁止的历史》，周子玉译，江苏人民出版社2011年版，第143页。

英国的民族学家詹姆斯·G.弗雷泽（James G. Frazer）曾指出：在世界各大陆上生活的各个民族中几乎都有以大洪水为主题的神话，许多典籍都有关于大洪水的记载。

我国华中师范大学教授陈建宪①在1996年第3期《民间文学论坛》发表了《中国洪水神话的类型与分布》的论文，该论文针对外界认为中国洪水神话是一片空白的观点，列举了大量中国各地各民族关于洪水神话记载与流传的实例，把中国洪水神话划分为四个类型，得出中国是一个洪水神话极为丰富的国家的结论，填补了世界洪水神话圈的缺环。该论文获得湖北省社会科学成果三等奖。

这些神话和典籍的记载，是这样的相似和不约而同，看来上古时期有这样一次毁灭性的大洪水应该不是随便杜撰出来的。

那么，有没有地质证据可以证实呢？

20世纪以来，地质学家陆续在世界各大洲发现了一些确信是大洪水留下的痕迹。1922年，英国考古学家伦德纳·伍利（Leonard Woolley）爵士开始对巴格达与波斯湾之间的美索不达米亚沙漠地带进行考察挖掘，结果在苏美尔古国吾耳城的王族墓葬群之下，发现了整整有2米多厚的干净的黏土沉积层。对黏土的分析表明，它应该是洪水沉积后的淤土。墓葬中有刻在泥板上的楔形文字和其他陪葬品。由此可以得出这样的结论，在人类用泥板记载历史之前，这一带发生过一场巨大的洪水。

类似的情况在中国的华南地区、德国、法国及北美地区相继被发现，地质学家不约而同地发现了一层海底浊流沉积物。美国学者D. S.阿伦（D. S. Allen）和J. B.德莱尔（J. B. Delisle）两人经过多处考察，合作写出了

---

① 陈建宪，湖北省麻城市人，2004年获文学博士学位，现任华中师范大学文学院教授，博士生导师。主要著述有《神祇与英雄：中国古代神话的母题》《中国民俗通志·民间文学志》《民间文学教程》《民俗学概论》等。

《大灾难！公元前9500年宇宙大灾难的铁证》①一书。书中告诉我们，他们作为研究者看到了很多全球范围内大洪水的证据。包括山坡上留下的遭受过高速水流冲击的擦痕，山洞中多种动物遗体化石和堆积物，散落在乡村的巨型卵石，等等。

根据这些大洪水的直接和间接证据，科学家肯定地认为，在1万多年以前，地球上确实发生过一场空前绝后的大洪水。这次大洪水使地球史前文明成果遭到毁灭性的浩劫。但地球文明的种子、人类文明的基因又被奇迹般地保留下来了。

这场史前文明的大劫难是怎样造成的？人类文明的基因又是怎样被保留下来的呢？对此，人们的看法五花八门，见仁见智。

最初，古人把大洪水发生的原因归咎于人类得罪了神灵，作为对人类的惩罚，神灵引来大洪水毁灭人类。但以后人类追寻大洪水暴发的原因，并没有受到神话的束缚。人们采用现代科技的手段和科学的眼光，重新审视这场与人类命运休戚相关的洪水成因。

一种是外来陨石撞击说。持此观点的研究者认为，史前大洪水是由一颗巨大的陨石撞击地球造成的。因为地球上发生的陨石撞击事件屡见不鲜。1969年，美国地质学家在阿拉斯加荒漠考察时，发现了一个直径12.4公里的陨石坑，据测定，这个陨石坑的年龄在1.2万年左右，十分接近大洪水暴发的时间。但经过进一步考证，这颗大约直径为600米的陨石不可能造成全球范围毁灭性的海啸，而且不可能造成高达1000多米的滔天洪水。

另一种是火山爆发和地震说。火山爆发和地震灾害一直在地球诸多自然灾害中占有重要地位。火山爆发和强烈地震释放出来的巨大能量，在海洋可以造成惊涛骇浪冲击陆地。公元前79年，维苏威火山突然爆发，一

---

① 参见［美］J.道格拉斯·凯尼恩编撰：《被禁止的历史》，周子玉译，江苏人民出版社2011年版，第30页。

夜之间彻底毁灭了古罗马的庞贝城，所有的居民在睡梦中被埋葬在厚厚的火山灰下。油画《庞贝城的毁灭》再现了庞贝城的悲惨经历。火山爆发的景象和释放出来的巨大能量，使人们想到人类史前的那场大洪水是否就是火山爆发引起的？然而，科学家最终还是排除了火山爆发和地震就是这次史前大洪水的罪魁祸首，因为火山爆发和地震产生的后果不会主要以水患的形式表现出来。而且火山爆发和地震难以预见，不容人们有预防的时间，怎么来得及建造"挪亚方舟"之类的逃难工具呢？

油画：庞贝城的末日

前两种假说都被否定了，那么最有可能引发那场史前大洪水的，应该就是星际之间的相互作用牵拉海水而引发的海水漫灌事件。

我们知道，宇宙空间除恒星外，还有行星、卫星和其他星际物质。它们穿行于星际间，在万有引力的作用下，受附近星球的牵引作用又反作用于这个星球。比如太阳、月球和太阳系中的所有其他行星对地球上的陆地和海洋都有牵拉的作用，但只有太阳和月球的作用比较明显。对地球上的海水来说，虽然太阳的引力大，却不如月亮的引力作用明显。因为月亮距地球最近，而且月亮引力对地球不同地点的作用力大小是不同的，刚好朝向月亮的海域由于比其他海域离月亮近，所以受到的引力较大，海水被拉升上涨。在月亮绕地旋转的过程中，地球本身也在不停地自转，所以产生了海平面有规律的涨落。潮涨和潮落交替出现，这就是我们司空见惯的潮汐现象。与月亮相比，太阳距离地球太远了，它的引力无法引起地球上不同海域海平面的显著变化。但是当太阳、月球和地球排成一线时，太阳和月亮的作用叠加，使地球每年产生一次"朔望大潮"。这时的潮涨潮落幅度比其他任何时候都要大。

根据这一原理，我们可以想象一下，如果一个类似月球或比月球小一点儿的星体，突然与地球擦肩而过，它虽然没有撞上地球（如果撞上地球就是毁灭性的后果了），但它对地球的引力作用一定比远在38万公里外的月球大得多，它可以引起地球轨道颤动，地轴倾斜，最明显的就是能够在短时间内对海水产生巨大的牵扯力，足以使海平面迅速向该星体方向抬升数百米乃至上千米！这一过程相对地球上的人类来说，真正是惨绝人寰：高达百米的浪头一个连着一个，以每小时几百公里的速度，呼啸着扑向大陆，吞没了平原山地，吞没了这些地方的所有生灵。伴随海洋的剧烈变化，风暴形成，引起气候的剧烈变化。所以在苏美尔人的泥板文书中有这样的记载："大洪水的时候，南风以可怕的速度刮着……"

据索菲亚天文台[①]台长埃斯·鲍索夫（Est Bosov）考证，在大约1.2万年前，一颗直径为2770公里的星体，从地球直径6倍的距离（7.65万公里）的地方通过，它的方向在地球的北面，引起地球海洋在短时间内（大约为12天）持续涌向地球的北面，使北方的海水上涨了1000多米。就这样，当时在外星文明介入和影响下建立起来的地球文明，就在这场突如其来的变故中葬身洪水。

那么，人类文明的基因又是怎样被保留下来的呢？

---

① 索菲亚天文台实际是一架经过改装后携带了100英寸直径天文望远镜的波音747SP飞机，其任务是在平流层用红外光观察宇宙中的星系、黑洞、彗星等。该天文台首创于2007年，于2012年进行了升级。

这场空前绝后的大洪水的发生，并不是一些传说中所说的由于"神"对人的惩罚，即不是外星人对新人类的表现不满意而采取的推倒重来的行为。我们推知，外星人对经过自己改造的地球人类的所作所为还是比较满意的。他们也不想地球生物悉数毁灭，不想地球文明悉数中断。以他们的科技水平，当然知道这个天体一旦接近地球将会对地球人类产生怎样的后果。但是他们当时无法改变这颗直径达2770公里的天体的运行轨道，因而无法避免毁灭性事件的发生。他们只能以他们能够做得到的方式提示地球人类尽量躲过这一劫。并且他们很可能采取了一些保存地球生物遗传基因的措施，如采集各种不同物种的DNA遗传基因，包括父本母本完整地保存在他们宇宙飞船上的生物基因库中。在大洪水过后，再让这些生物在地球繁衍。

于是，就有了《圣经》和其他传说的这些情节：上帝让挪亚夫妻乘上了"挪亚方舟"，并且把世上每一种生物都成双成对地放入方舟里；伏羲兄妹钻进雷公提供的葫芦里躲过一劫；善良的姑娘受到大神巴里卡卡的提示，

挪亚方舟

找到安全的地方躲起来；摩奴在神鱼的帮助下生存下来……对这些描述和传说，过去我们一定会认为是多么的荒诞不经，感到疑惑不解。现在有了这些合理的解释，我们再来理解这些描述和传说，我们应该会有一种茅塞顿开、豁然开朗的感觉！

大洪水的传说和证据，可能在告诉我们：我们以往的科学和历史研究把人类史前文明的程度严重低估了，地球远在1.2万年之前的一段时期就有自己辉煌的文明历史。只是由于大洪水，使地球人类经历了一场浩劫，也使地球文明发展的正常进程戛然而止。

大洪水的传说和证据，可能还告诉我们：外星高智慧生物留给地球人类的文明基因并没有彻底泯灭。当年劫后余生的少数人类祖先，他们把这场挫折当作刻骨铭心的集体记忆，打起精神，重建文明。以大洪水为时间界线，地球文明重新启动，开始了新的发展历程。

第四章
地外文明的影响

　　地球文明是宇宙文明的有机组成部分，地外文明有极大可能是存在的，也极有可能与地球文明有过千丝万缕的联系，如果这样看问题，地外文明给地球文明带来影响，就是可以理解的事情。宇宙中，各星系、星球相互影响是多方面的，只是范围、轻重有所不同罢了。我们既不能像鸵鸟把自己的头钻进沙堆就认为外部的世界不存在了，也不能对目前见到的不能解释的现象采取恐惧的态度，反应过度而不知所措。面对外部世界给我们带来的种种影响，我们需要的是客观而冷静的观察，平和而理智的心态。

第一节　UFO访问

UFO，是英文"Unidentified Flying Object"的缩写，中文意思为"不明飞行物"，也称"飞碟"。可以说，UFO现象是20世纪最引人注目的事件。

对"不明飞行物"的认知，我们的祖先可能在数千年甚至数万年前就已经知道了他们的存在，并赋予了它们各种各样的名字，比如神、龙、仙、魔、天马、战车、飞毯、羽衣等，不一而足。地球上的先祖们也已经有大量关于遇见这些东西和与这些东西打交道的记录。

例如，在中国古代神话中，速度最快、威力最大的是"龙"。而在对龙的描绘中，都是能够喷火的、腾云驾雾、上天入地的。《山海经》有这样的描述："有神焉，其状如黄囊，赤如丹火，六足四翼，浑郭无面目，是识歌舞，实为帝江也。"[①]这是不是对天外来客的飞行器的最早描述呢？

---

① ［宋］刘歆等：《山海经译注》，北方妇女儿童出版社2018年版，第61页。

古印度史诗《摩诃婆罗多》其中一节《拉马雅纳》有这样的描述："维马纳斯（飞行的机器）在水银和风力的推动下，在高空巡游，在光柱上飞行，发出巨大的响声……"在印度南部的甘吉布勒姆的多处神庙中，有一种叫"战神之车"的浮雕，形状为有棱的圆塔形，顶部有盖。

比这更早的文字记载可以追溯到埃及法老时代的公元前1504年。法老赛莫斯三世在位之时，史官在生命之宫的史册上记录了这样一桩事件："二十二年冬季第二月六时……天上飞来一个火环。它无头，喷出恶臭。火环长一杆，宽一杆，无声无息……火环向南天高升……法老焚香祷告，祈求平安。"在死海附近发现的《阿布拉罕和摩西的经外书》中，一再提到"带轮子的喷火天车"。

中国最早出现不明飞行物是在西部贺兰山岩画上，岩画中有的像宇航员的头盔，有的和现在所描画的外星人形象类似，尤其是贺兰山南端宁夏冲沟东的一幅岩画中，画面右上方有两个旋转的圆盘，在圆盘下的人和动物都在惊恐地逃散。这些岩画据考证距今4000—10000年，记录的可能就是不明飞行物降临事件。

贺兰山岩画

沈括是北宋时期的科学家，他在《梦溪笔谈》中记载了这样一件事："嘉祐中，扬州一蚌有半席之大，初见于天长县陂泽中……倏然远去，其行如飞，浮于波中，杳杳如日。"他记载的这个"其行如飞""倏然远去"

的蚌状物体，与现在人们见到的飞碟是多么的相似！以沈括作为一位科学家的身份来记叙这件事，该不会是虚构吧。

实际上，地球上千千万万的人很早就见过空中的这种不明飞行物，包括如前面所述的记载。但UFO真正引起世界轰动，是从1947年6月24日美国人肯尼斯·阿诺德（Kenneth Arnold）的遭遇开始的。

阿诺德是美国爱达荷州波希市一家消防设备公司的老板兼民用飞机驾驶员。那天下午2时，他驾机从华盛顿的麦哈里斯机场起飞，在莱尼尔峰上空3500米的高度飞行时，忽然发现飞机侧方有一道耀眼的光芒。他看见9个闪闪发光的圆盘形物体排成两列梯队，正从贝克山方向往南飞来。当它们从飞机前方飞过时，阿诺德测算了一下它们的速度，约为每小时1900公里，是当时一般飞机时速的3倍。阿诺德回来后向前来采访的记者描述说，这些飞行物"像馅饼碟一样扁平，它们能够不规则地转向飞行，就像碟子掠过水面"。这条新闻成为当天美国报纸的头条新闻，"飞碟"的名词也在全世界不胫而走。①

1958年1月初，一艘巴西的水文船"索丹纳海军上将"号出勤特里尼达岛归来，正准备驶入巴西时，船的上空出现了一个金属圆盘，船上的50多人全看见了它。摄影记者阿尔米洛·巴罗纳（Almiro Baronnat）抓拍到了5张照片，并很快洗印出来。为了避免照片造假，按照该船船长的命令，船上的两名船员监督了洗印的全过程。仔细地研究过照片之后，巴西的海军专家认定这些照片是真实的。②

1963年10月31日，正在巴西桑多斯村附近派洛巴洽河上捕鱼的数十位当地居民，看到一个银色的UFO从空中降落，形状就像洗衣盆。它一边左右摇摆，一边潜入河中。这个UFO的直径7—8米。当地居民以为这

---

① 参见李小满：《宇宙未解之谜》，人民日报出版社2011年版，第87页。
② 参见［美］莱斯莉·琪恩：《人类是外星人的试验品？》，林婉华译，中国友谊出版公司2013年版，第150页。

是某种特殊结构的飞机失事坠落河中,连忙向有关方面报告。军方的救援人员抵达事件的发生地点,用上了金属探测器和声呐仪等设备,结果什么也没有找到。①

1967年11月6日,德国电视台播出了"拉夫汉萨"飞机机长和4名机组人员的一段经历。当年2月15日,他们驾机准备在三藩市着陆,突然看见自己的飞机附近有个飞行物,其直径20多米,发着亮光,跟随飞机飞行了一段时间。他们将所见情况向科罗拉多大学作了报告。同年11月21日,慕尼黑的《南德意志报》刊登了这样一则新闻:近日来,欧洲南部许多地区都发现了不明飞行物。伊万格勒的居民每天晚上观察到天空出现异常明亮的物体。这段时间,该地区出现了数起森林火灾,起火原因可能与不明飞行物有关。②

1966年12月21日7时56分,美国"阿波罗登月计划"中的"阿波罗8号"飞船从肯尼迪宇航中心升空,踏上飞向月球的旅程。飞船上三名宇航员——弗拉克·鲍曼(Fracker Bowman)、詹姆斯·拉佩尔(James Lapeyre)和威·恩道达斯(Wayne Enders)是人类有史以来第一次进入绕月飞行轨道、最早用肉眼观察月球背面的人。他们利用近月环绕飞行的条件,用相机拍摄了大量照片,寻找将来在月球上着陆的地点。这时,出乎他们意料之外的事情发生了:在他们带望远镜的照相机的镜头中,出现了不明飞行物即UFO的身影!而且它个头是那么大,从距离和参照物来分析,这艘UFO估计直径10千米。如果人站在旁边,渺小得几乎可以忽略不计。当"阿波罗8号"再一次飞行到月球背后的时候,宇航员们准备再一次对它进行拍照。可是,这个巨大的物体已经消失得无影无踪,连一点

---

① 参见任中原编著:《人类神秘现象大全集》,中国华侨出版社2012年版,第68页。
② 参见[瑞士]埃利希·冯·丹尼肯:《众神的战车》,谢维译,辽宁人民出版社1981年版,第123页。

儿着陆的痕迹都没有留下。①

美国宇航员阿姆斯特朗在月球

1969年7月20日，美国"阿波罗11号"宇宙飞船第一次在月球表面降落，人类实现了成功登月。宇航员尼尔·阿姆斯特朗（Neil Armstrong）成为第一个登上月球的地球人。随后，登上月球的人是奥尔德林（Aldrin）。阿姆斯特朗同休斯敦指挥中心进行了对话联系，通过无线电波传来了阿姆斯特朗早已准备好了的几句话："当我踏上月球的这一刻，对我个人来说是一小步，但却是人类的一大步……"说着说着，阿姆斯特朗突然惊讶地说："天啊，这里有别的宇宙飞船！他们大得惊人！……"接着，无线电讯号戛然而止。美国宇航局没有解释阿姆斯特朗到底看到了什么。阿姆斯特朗回到地球多年以后回忆起这件事，他说："我们在月球上受到警告，他们要求我们离开这儿。他们的宇宙飞船停在月坑的旁边，在大小和技术方面简直领先得我们没法和他们相比。"②

1972年，瑞典科学杂志《莱顿》报道："苏联宇宙飞船在月球背面发现一个UFO基地和一个由形状奇特的建筑群组成的城市。克里姆林宫的决策者在分析了收集到的照片和数据后，决定不发表这些惊人的发现。"③

---

① 参见任中原编著：《人类神秘现象大全集》，中国华侨出版社2012年版，第59页。
② 参见任中原编著：《人类神秘现象大全集》，中国华侨出版社2012年版，第72页。
③ 参见任中原编著：《人类神秘现象大全集》，中国华侨出版社2012年版，第59页。

1978年12月30日黄昏，澳大利亚墨尔本电视台的福加迪（Fogarty）等三名摄影记者乘一架货运飞机，沿新西兰的惠灵顿至基督城之间的航线飞行。31日凌晨2时15分，他们飞临新西兰南岛以东上空时，看到了一个"底部明亮、上面有某种透明圆盖"的物体，在距飞机16千米处。摄影记者连忙打开摄影机，为它拍摄下2300个16毫米胶片。后来，这些胶片都被送交美国海军光学物理学家麦凯比分析。麦凯比用电脑处理了胶片，并进行了认真研究。他估计这个不明飞行物直径20—30米，亮度相当于10万瓦白炽灯的灯光。在做"8"字形翻滚飞行时，速度约每小时2500千米。这是人类首次成功地拍下UFO的照片。①

在中国，也有不少UFO的目击事件。1979年9月20日凌晨1时许，位于新疆北部某农场的一个技术员偶然发现天空出现了一个橘红色飞行物。他看见这个飞行物状如满月，边缘整齐，在空中停留了3分钟左右，就突然消失在地平线上。这个农场与塔克拉玛干大沙漠仅有几十公里的距离，在戈壁周围的阿尔泰、奇台地区，人们曾多次发现不明飞行物。②

有一次UFO事件引起了更大范围的关注。1981年7月24日22时40分左右，中国的西南、西北、华中、华南广大地区数万群众目睹了UFO飞临上空。目击报告称，不明飞行物犹如一个闪烁的光环，光环中心呈鲜明的蓝白色。使用望远镜的目击者说，UFO核部呈碟状，甚至发现有一排窗口。还有约20份报告说，"7·24"UFO在运行过程中有过悬停或转向、变速的运动。据中国UFO研究协会（CURO）统计，这次事件先后被包括新华社、《人民日报》在内的38家新闻单位报道。③

2003年5月2日晚，在山东省微山县欢城镇界牌口村，发现不明飞行

---

① 参见任中原编著：《人类神秘现象大全集》，中国华侨出版社2012年版，第53页。
② 参见李小满：《宇宙未解之谜》，人民日报出版社2011年版，第130页。
③ 参见李小满：《宇宙未解之谜》，人民日报出版社2011年版，第117页。

物,且在该村上空逗留。根据目击者报料,记者进行了采访,《济南时报》予以报道。①

近一个世纪以来,这些UFO的身影在全球各地的天空中、海洋里和陆地上几乎都有出现,相关的目击报告也纷至沓来,引起各国军方、政府和研究机构的关注和重视。

英国国防部先后收到不少关于UFO的报告。过去,这些报告都是作为绝密档案保存于英国国家档案馆。2005年,英国《信息自由法》颁布后,逐渐公开了相关档案纪录。2007年12月23日,英国国防部主管UFO事务的尼克·鲍勃(Nick Bob)称,他们会陆续公布存放在英国国家档案馆内的UFO绝密档案。2008年5月、10月,他们先后两次公布了从1986年到1992年的数十件UFO档案。②2011年3月3日,英国国家档案局又解密公布了1997—2005年英国国防部收到的35份UFO报告,内容包括目击者拍摄的照片、手绘图像、口述文字以及国防部的回函。

美国一直在秘密研究UFO。自从1947年阿诺德目击UFO事件以后,随着媒体的炒作,大众对于UFO(当时称为"飞碟")的兴趣逐渐增加。美国政界和军方都面临着一个如何对待和处置这一现象的问题。1948年,在美国空军器材司令部杜宁(Dunin)中将的提议下,美国陆军航空队设立了专门机构研究这个问题,这个计划的代号为"信号",等级为"机密"。一年后,"信号计划"工作人员在分析若干UFO报告的基础上写出了一份高度机密的报告,名为《状况评估》,得出"UFO有可能是外星物体"的结论。这份报告最终遭到封杀,被人称为"怨恨计划"。③但到了

---

① 参见《微山县出现不明飞行物》,《济南时报》2003年5月4日;《不明飞行物现微山》,《济南时报》2003年5月6日。
② 参见阿钒、王沁滨编著:《外星人与UFO全揭秘》,吉林出版集团有限责任公司2011年版,第72页。
③ 参见[美]莱斯莉·琪恩:《人类是外星人的试验品?》,林婉华译,中国友谊出版公司2013年版,第79页。

1952年，美国空军还是把这一问题提上桌面，开始实施一个名为"蓝皮书计划"（Blue Book Project）的调查不明飞行物行动。他们集中了37名专家，对1947—1969年22年间12618例UFO报告进行了调查，发现其中80%的报告应该不是UFO，但也有20%的目击案件无法解释。这项计划于1969年结束。①

据悉，美国前总统卡特在1969年还是参议员时就填写了《美国空中现象调查委员会飞碟目击报告》。这份报告记录他看见"月亮样的UFO飞行了10分钟"，其存档编号为301-949-1267号。②美国有一个神秘的"51区"，地点位于内华达州，据称是专门研究UFO的秘密军事基地。在那里，有一批科学家专门致力于秘密研究UFO相关项目。鲍勃·勒萨（Bob Lazar）是一个物理学家，据他透露，他在51区S-4区域（第四区）工作过，专门从事飞碟动力方面的研究。

2008年，美国国防部成立了"AATIP"（Advanced Aerospace Threat and Identification Program）办公室。"AATIP"的意思是"先进的外太空威胁以及认定计划"。该计划的负责人路易斯·埃利松多（Lius Elizondo）在接受外界采访时曾表示："我对于美国管制的领空内和周边地区'不明飞行物'活动的频率以及持续的时间感到震惊。"由于埃利松多向外界披露了一些不该披露的内幕，该计划和他本人均遭到了军方的封杀。

事实上，美国朝野上下都有一种要求公布UFO研究进展的呼声，包括佛罗里达州共和党参议员卢比奥、前民主党参议院领袖里德、狐狸广播电台主播塔克卡尔森等。甚至作为总统竞选人的希拉里在2015年新罕布什尔州的总统竞选活动上，都把可能公开联邦政府UFO档案作为拉选票的承诺。《纽约时报》报道说："希拉里给了UFO迷们希望，她将会重新打

---

① 参见李小满：《宇宙未解之谜》，人民日报出版社2011年版，第147页。
② 参见［美］莱斯莉·琪恩：《人类是外星人的试验品？》，林婉华译，中国友谊出版公司2013年版，第165页。

开 X 档案。"

为迎合这种呼声，2020年4月，美国国防部对外公开了美国海军分别于 2004 年和 2015 年拍摄的三段视频。视频是美国航母舰载机用红外吊舱拍摄到的不明飞行物情景。其中一次是由普林斯顿导弹巡洋舰在雷达上发现不明飞行物，有关方面立即派出两架大黄蜂舰载机前往拦截。大黄蜂抵达后，发现海面悬停着一个蛋形亮白色不明飞行物，大黄蜂下降试图靠近时，不明飞行物刻意与之保持一段距离，然后以快得难以置信的速度消失了。①

不管各国官方对 UFO 现象持什么态度，目击者根本无法忘记当时的情形，这些目击者包括政府官员、宇航员、空军和海军人员、民航飞行员、船长、警方调查人员以及其他一些观测人员。无论别人怎么非议所谓的 UFO 不过是一种假象，也不管相关媒体怎样持否认态度，但凡目击过 UFO，他们坚信 UFO 存在的态度基本不会改变。

莫瑞斯·查特兰是美国宇航局（NASA）空间技术专家、阿波罗登月计划通信系统主管。一开始，他是不相信 UFO 存在的，后来在工作中的所见所闻、与同行的交流，使他不但改变了看法，而且成了一名 UFO 现象观测者和研究者。他的专著《远古外星人改变了人类基因和文明》以美国宇航局核心科学家的严谨和睿智，破解了 UFO

查特兰破解 UFO 部分秘密

---

① 据新华社华盛顿5月1日电（记者刘品然），美国国防部日前突然对外公布了三段美国海军分别拍摄于 2004 年和 2015 年的不明飞行物（UFO）视频。在此之前，中国新闻网 4 月 13 日综合外媒报道：美国国防部不明空中现象特别调查小组一份调查报告泄露，其中包含了部分不明飞行物的视频及图像材料。

的部分秘密。①

目前，多个国家在开展对UFO的研究。已出版的关于UFO的专著约有350种，期刊近百种。全球有一大批专家参与UFO的探索工作中，有的为之付出了毕生心血。②

UFO现象所显示的种种超出现代科学技术水平的性能，无疑是对人类智慧和当今科学技术的极大挑战。对UFO的探索和研究，正在形成一门崭新的学科，它涉及天体演化、生命起源、物质结构三大前沿科学和几乎所有的基础科学。关于UFO的探索和研究，将会对我们对宇宙图景、科学体系、思维方式、哲学思想乃至伦理道德等方面，产生巨大而深远的影响。

但是，目前UFO研究一直徘徊在较低水平，使UFO研究流于神秘、空洞，甚至肤浅，使它不能作为一门严格的科学而登大雅之堂，这与人类不能正确认识UFO甚至极力回避这一问题有关。时至今日，人类真的很有必要从哲学和科学的高度重新认识UFO及其相关领域，进而找出正确的研究方向。

UFO现象对地球文明产生的冲击将是多方面的，它将颠覆人们对现行世界的认知，极有可能导致人类文明的新飞跃。或许有一天，人类会发现，来自宇宙深处的高智慧生命一直在介入我们这个蓝色星球的文明进程，一直关注着我们的一举一动。

---

① 参见［美］莫瑞斯·查特兰：《美国宇航局核心科学家承认：远古外星人改变了人类基因和文明》，蒲雯明译，江苏文艺出版社2012年版，第2页。
② 参见任中原编著：《人类神秘现象大全集》，中国华侨出版社2012年版，第69页。

第二节 监护与救助

人类总是根据自己的思维模式来揣度与外星人接触的风险。可是，实际上又是怎样的情形呢？

我国科幻作家刘慈欣写过一本著名的作品《三体》，里面提到一个很有意思的法则——黑暗森林法则。说的是猎人在一片黑暗的森林里打猎，端着猎枪，小心翼翼缓步前行，生怕发出一点儿声音暴露了自己。而只要发现森林中还有别的猎人，只能一枪干掉对方，不然死的就是自己。刘慈欣在书中提到，这个端枪的猎人就是不同星球的文明，而这片黑暗森林，就是宇宙。霍金（Stephen William Hawking）是英国剑桥大学物理学家、享有国际盛誉的科学家。他十分确信在地球之外存在智慧生命，但他警告人类不仅不要主动寻找他们，而且应当想尽一切办法避免与外星智慧生命接触。霍金说："我们只需要看看自己，就能知道如果外星人拜访我们，其结果可能与哥伦布当年踏足美洲大陆的情况类似，那对当地土著居民来说不是什么好事。"

黑暗森林

美国前总统罗纳德·里根甚至说:"来自其他星球人的攻击,应是我们最严重的危险之一。"① 20世纪70年代初,美苏两个超级大国在政治上、经济上、军事上是激烈竞争的对手,但他们对月球进行探测和实施登月计划时采取了友好合作的态度。这些言行都表明人类受传统思维模式的影响,不仅对地外生命保持着高度的警惕,并且把他们当作地球人类共同的敌人。

可是,事实真如人们想象的那样吗?或者说,外星人会侵占地球、伤害人类吗?从历史的渊源、现实的情况来看,我们不但得不出他们会侵占地球、伤害人类的结论,而且可以举出许多外星人在关注、监督、呵护甚至救助我们的例子。

1942年2月26日,荷兰巡洋舰"号角"号被一个陌生的空中物体连续跟踪了三个小时。巡洋舰上的船员说那个物体像一个"铝制圆盘"。这个银灰色的"圆盘"并不攻击巡洋舰,只是好奇地尾随着它,也不害怕舰上向它瞄准的黑洞洞的炮口。荷兰人发现这个奇怪物体并无恶意,于是放弃了开炮的打算。这个"铝制圆盘"为巡洋舰护航三个小时后,突然加速升

---

① 参见李小满:《宇宙未解之谜》,人民日报出版社2011年版,第149页。

高，消失在空中。①

1942年3月25日，英国皇家空军战略轰炸机大队在完成了夜袭任务返航时，在5000米的高空发现有一个不明飞行物跟踪它们。机上人员马上警觉，以为是德国的新式飞机出现。于是，机长索宾斯基下令向它开火。然而，令机组人员感到惊愕的是，那个陌生飞行物尽管被炮火击中，但还是紧紧地跟着飞机，并不还击。炮手们惊慌失措，不知该怎么办，只好停止射击。不明飞行物静静地跟了一阵后，突然升高，以难以置信的速度从飞行员的眼前消失了。索宾斯基和他的同伴们这才长舒了一口气。②

这些事例说明，来到地球的UFO显然不是以征服地球为目的，因为地球人类的军事和科技力量根本不是他们的对手。而且地球人类高度警惕的态度和好战的行为显然已经给他们留下了深刻的印象。他们在尽量避免与地球人直接冲突。

外星人对人类的军事设施一直是感兴趣的，特别是对核设施，可能列入了他们的重点监督范围。我们再来看两个例子。

1974年秋季，朝鲜半岛部署了一批新的导弹装备。导弹部队和空军协同，严密地监视着海空，防止外敌的侵犯。一天，朝鲜半岛滨城海域浓雾弥漫。上午10时左右，一个幽灵般的物体从公海上空迅速飞来，闯入了滨城海岸的警戒系统。不一会儿，基地部队看见那是一个椭圆形的金属物体，发出了红黄两色的光芒。进入650米范围后，它突然悬停住了，基地指挥部发现它没有任何标记，立刻断定这是一架怀有敌意的飞行器。第四发射台的上尉马上下令发射导弹，一枚隼式导弹立即喷着火光腾空而

---

① 参见阿钒、王沁滨编著：《外星人与UFO全揭秘》，吉林出版集团有限责任公司2011年版，第233页。
② 参见阿钒、王沁滨编著：《外星人与UFO全揭秘》，吉林出版集团有限责任公司2011年版，第231页。

起，直扑不明飞行物。这时，令人意想不到的情况发生了，导弹不但没击中目标，相反一道白炽的强光准确地击中了弹头，转眼之间就把导弹熔化了。就在这时，那个不明飞行物骤然加速，几秒钟之内便从雷达屏幕上消失了。①

1986年4月26日凌晨，苏联乌克兰切尔诺贝利核电站发生爆炸，当场便夺去了数百人的生命，30多万人受到放射性伤害。爆炸的原因是第四号机组的水冷系统发生故障。反应堆不断产生蒸汽，发电系统却没有启动，大量蒸汽没有宣泄的出口，引发了热能爆炸。反应堆的厂房顶盖瞬间被炸飞，大量放射性物质喷射到高空，造成大面积放射性污染。

切尔诺贝利核电站爆炸时出现的飞碟

不幸中，人们还是感到万幸。在爆炸的第四号反应堆里，共有180吨浓缩铀，在那种极端危险的环境中，发生核爆炸的可能性非常大。如果发生核爆炸，其后果不堪设想！到底是谁阻止了这次核爆炸的发生呢？据事后苏联《真理报》记者对事件的目击者采访了解到，在切尔诺贝利核电站爆炸期间，许多人目睹一个飞碟悬浮在核电站的上空。在现场，一位名

---

① 参见李小满：《宇宙未解之谜》，人民日报出版社2011年版，第152页。

叫米克海·瓦里斯基（Mikhail Varischi）的救援队员回顾了他的所见，他说："爆炸发生后，我们便立即赶到了切尔诺贝利核电站。在那里，我看到一个直径10多米的橘红色圆盘慢慢地飘浮到核电站上空，它在离第四反应堆厂房上空300米的地方悬浮停住，接着两道深红色的光射向第四反应堆，过了两三分钟，橘红色的光盘突然消失，那个飞行物快速向西北方向飞走，消失了。"[1]

从这两个例子可以看出，外星人是极不愿意看到人类受到伤害的。前一个例子，外星人受到攻击不还手，只是制止攻击继续进行。后一个例子，很可能是外星人发现了切尔诺贝利核电站即将发生核爆炸的危险，通过一种不为地球人类所知的方法减弱了浓缩铀当时极不稳定的状态，从而阻止了核燃料爆炸，避免了一次更大的灾难性事件。

在日本登山爱好者中，流传着这样一则故事。一次，一支由三人组成的日本登山队攀登珠穆朗玛峰。三个人离开营地，准备向着最后的顶峰攀登。没想到他们出发不久，天色忽然大变，气温由原来-15℃骤然降到了-29℃。漫天风雪，他们不得不艰难地爬到一处较平缓的地方，支起了一个小帐篷，希望能躲过暴风雪的袭击。由于气温太低，慢慢地他们的手脚不听使唤，冻得僵硬，大家非常绝望，都觉得难逃一劫。过了几个小时，一个队员勉强爬出帐篷，想看看外面的天气。这时，令他吃惊的是，他看到一个大的圆形飞行物悬停在他们的帐篷上空。紧接着，飞行物的舱门打开，从里面飞出一个较小的碟状飞行物，慢慢地降落在帐篷旁边。这时，另外两个队员也从帐篷爬了出来。他们看到从飞碟里面走出了两个类似人的生物，身高不超过1.2米，穿着银灰色的衣服，头特别大，有一双又大又绿的眼睛。对方示意登山者登上飞碟，登山队员鬼使神差地登上了飞碟。不久，舱门打开，登山者走出来，发现这里是喜马拉雅山山脚下的

---

[1] 参见任中原编著：《人类神秘现象大全集》，中国华侨出版社2012年版，第85页。

一个村落。他们刚离开飞碟，飞碟就悄悄飞走了。当地的尼泊尔人把他们三人送到医院进行治疗，很快恢复了健康。①

还有一个事件值得我们回顾和思考。20世纪初，在地球的北端发生了一次令人惊恐的事件。这次事件被当地人妖魔化，而其他地区的人们或许早已把它淡忘了。但是，这个事件很有可能是一次关系人类生死存亡的惊天大事！

1908年6月30日7时17分，在俄罗斯远东西伯利亚森林的通古斯河畔，突然，一个火球从空中划过，半空出现了强烈的白光，接着爆发出一声巨响，巨大的蘑菇云腾空而起，空气瞬间白热化。世界上大部分地震站都测到了地球的震动。在离震中885公里的伊尔库茨克，地震仪上的指针晃动了近一小时。地磁仪也显示异常。远在1000多公里外的地区都听到了爆炸声。爆炸使中心区域800万株大树倒下，一群群驯鹿瞬间死亡。远处的放牧人被连人带帐篷掀入空中。爆炸的能量相当于1000万吨TNT炸药，或1000颗广岛原子弹爆炸造成的破坏力。

离爆炸地较远的幸存下来的当地人10多年中都一直惊恐于这次爆炸的情形，不敢前往被炸毁的地区。直到1921年，苏联专家库力克（Leonid Kulik）教授才在目击者中收集情况。他筹集了一笔资金，要对该地区进行科学考察，但当地人都不愿做向导，因为他们认为这是"恶魔"造成的灾难。在库力克等人的努力下，苏联科学院于1927年派出探险队赴通古斯地区考察。人们原以为会找到一个巨大的陨石坑。结果，在那里附近挖了又钻，却没有发现一丝一毫的残存物。两年后，考察队用改进后的技术进行了更大范围的挖掘，挖了30多米深也没有发现一星半点的陨石物质。

---

① 参见任中原编著：《人类神秘现象大全集》，中国华侨出版社2012年版，第82页。

通古斯大爆炸20多年后的场景

考察队发现，爆炸中心半径120多公里内，树木齐刷刷地倒伏，树干光秃秃的，像电线杆一样，越靠近树顶的地方越炭化得厉害。1961年、1963年，苏联科学院又先后两次派出科学考察队前往通古斯地区。这支科学家队伍具有最现代化的技术装备。他们排除了彗星陨石说、小行星说、激光通信说等假设，断定这次爆炸是核爆炸。因为树木只有在突遇的高温高压下才会瞬间炭化，而要达到每平方厘米70—100卡路里能量的光辐射和足够大的压力，只有核爆炸。从爆炸中心及其周围地区的核辐射测定也证明了这一点，其中心四周200多公里的核辐射残留量是别的地方的数倍，即使是多年后对树木年轮的测定，也证明了核辐射残留的存在。①

那时，人类还没有研制出原子弹。人类第一颗原子弹是在1945年才试爆成功。什么东西会有威力这么大的核爆炸呢？

很有可能，这次爆炸是外星人对正在撞向地球的一个小天体实施了拦截行为所致。就像后来在两伊战争中人们用爱国者导弹拦截飞毛腿导弹，使两者在空中爆炸，不使其击中地面目标一样，是外星人阻止了小天体撞

---

① 参见［瑞士］埃利希·冯·丹尼肯：《众神的战车》，谢维译，辽宁人民出版社1981年版，第127页。

向地面，而将其在空中炸毁。

我们来设想一下当时的情形。

1908年6月的一天，一直和地球人类有千丝万缕联系的外星人突然发现一颗直径约2000米的小天体迅速飞向地球。从它的运行轨道来说，很可能会撞上地球！如果该天体进入地球引力轨道，速度会加速到每秒20多公里，如果直接与地球相撞，将爆发出相当于100万颗原子弹爆炸的能量。碰撞将在地壳上砸出一个直径数百公里的大坑，扬起的尘土和碎片将遮蔽太阳，巨大的动能将引发一连串地震和火山爆发，并将引起气候的剧烈变化。这对地球人类来说无疑是一次毁灭性的打击！造成的后果，可能仅次于6500万年前的那次恐龙灭绝事件。那次，一颗直径约12公里的小天体以每秒19公里的速度与地球发生碰撞，产生了大量尘埃和碎片，长期遮蔽了太阳，使地球上靠光合作用的绿色植物死亡，恐龙食物链中断，加上气候变冷，恐龙在饥寒交迫中大量死亡。如果不采取措施，那么恐龙灭绝的悲剧会在地球重演！尽管这一次程度可能没有那一次严重，但也足以使地球人类九死一生了。

怎么办？外星人生命基因里的本能告诉他们：地球人类是他们的后裔或远亲，他们不能坐视不管。

避免这场灾难事件，最好的办法是改变该天体运行轨道，使它与地球擦肩而过。但是，由于距离遥远，他们采取改变该天体运行轨道的办法已经来不及了。在这刻不容缓的紧急关头，外星人采用的第一方案，是在地球大气层外将它拦截、炸毁。由于小天体直径达2公里，将其在地球大气层外拦截、炸毁的代价太高，而且万一没有完全销毁该天体，其碎片砸向地球可能给地球人类造成更大面积的伤害。因此，他们的第二方案，是在地球大气层内，利用大气层对小天体高速摩擦产生的高温烧毁小天体部分体积并消耗其部分动能，再发射装满核爆炸原料的飞行器去追击撞击该小天体并将其炸毁。采取这一行动，对外星人来说无疑是一次精确计算、精准打击技术的考验。说时迟，那时快，小天体靠近地球的速度越来越快，外星人的飞行器速度更快。就在小天体快要撞上地球的千钧一发之际，飞行器引爆了核装置，并舍身撞上了小天体，在半空中发生了天崩地裂的大爆炸！好险啊，爆炸点仅离地面50公里。也就是说，如果外星人的飞行器晚到2秒钟，我们地球人类遭受的可能就是一次万年不遇的大劫难！从这个意义上说，是外星人拯救了地球人类！

当然，这只是本人对通古斯大爆炸的一种猜想。与之相印证的还有一次发生在俄罗斯的离奇陨石坠落事件。

2013年2月15日，俄罗斯车里雅宾斯克州像往常一样平静安详。人们没想到的是，一颗直径约17米、重达7000吨的星际物质正以54马赫的速度向地球袭来。上午9时20分，这颗陨石进入了地球大气层开始燃烧。突然，天空一片闪亮，超过了太阳的亮光。紧接着，在距离地面28千米处发生猛烈爆炸，产生了大量的碎片，形成陨石雨。在坠落区域，许多建筑的玻璃震碎，造成1200多人受伤。人们惊恐之余又感到庆幸：如果这颗陨石没有提前爆炸，而是直接砸上地面，撞击的威力相当于30颗原子弹爆炸。更可怕的是，离这颗陨石的预计落点仅100公里处，就是俄罗斯马亚克核燃料基地，一旦撞击地面引发核燃料爆炸，后果不堪设想，可能会殃及整个欧亚大陆！然而，令人匪夷所思的是，就在人们都还没有反应过来的时候，奇迹又一次发生了！有人猜测，是否真有地外的神秘力量在默默地保护着我们的地球和人类？

从目前收集到的信息来看，外星人对地球上的很多活动非常感兴趣，特别是对人类的核试验、空间探索、激烈战争、生态环境破坏和其他危及地球的事情。有大量的事例可以证明，外星人对地球人类是亲善友好的。我国数学家和语言学家周海中教授在著作《宇宙语言：设计、发送与监听》中提出了一个观点："只要是高级智慧生命，他们的理智决定着他们一定会有分寸地对待一切宇宙智慧生命体。所以,外星人与地球人将来是能够和平共处、友好合作和共同发展的。"只不过现在外星人和地球人的文明发展水平和思维模式不在一个可以沟通的层次上。他们可能像对待一级保护动物或者智障儿童一样在监护着我们。

第三节　麦田怪圈之谜

关于麦田怪圈现象，多年来一直是人们争论和感到困惑的话题。

"麦田圈"在科学界被称为"迪安圈"。因为首先对"麦田圈"进行系统研究的是英国人迪加多（Delgado）和安德鲁斯（Andrews）。他们在20世纪70年代就开始对在英国和世界各地出现的麦田圈进行研究，并撰写出版了多部专著。

其实，麦田怪圈并非新发现。麦田怪圈最早可以追溯到17世纪。在英国1678年出版的一本书中，有一幅木刻画叫"割谷的魔鬼"，展示了一个魔怪般的生物在庄稼地里割出奇怪的图案。

在1880年的一期《自然》杂志中，报道了业余科学家约翰·兰德·卡普龙（John Rand Capron）在英格兰南部萨里的吉尔福德

木刻画：割谷的魔鬼

附近发现了怪圈造型。而在20世纪30年代，有关麦田怪圈的照片就陆续在一些媒体出现。直到20世纪70—90年代，在英格兰和美国都有关于麦田怪圈出现的比较密集的报道，而且在图案的复杂性上出现重大的飞跃。几个世纪以来都有农民报告说在他们的田地里发现了奇怪的圆圈，特别是最近几十年，全球各地庄稼地里每年都会出现巨大、复杂而又漂亮的图案。

1980年，英格兰威尔特郡的一名农夫在自己的燕麦地里发现了三个怪圈，每个的跨度约18米。媒体和好奇者都纷纷来到农场，见证了麦田怪圈。1999年的一个早晨，位于俄罗斯南方斯塔弗罗波尔的一个村庄的田野里突然出现了几个大大的圆圈，当地居民马上向政府报告。地方官员立即带了测量人员前往调查，结果发现，一共有5个大圆圈，当中一个最大，直径20米，其间还有几个大约20厘米深的小坑。其他几个圆圈直径5—7米。他们感觉到图案复杂而又神秘，测量了一些主要数据后，向上级作了报告。2007年在英国南部出现的糖山（Sugar Hill）怪圈，堪称进入新世纪最有影响力的怪圈之一。糖山怪圈的图案非常大，它的直径近百米，圈内有36个三角形，在其内部还有36个小三角形，有很多立方体幻影图形，还带有三维效果的特性。①

大多数麦田怪圈都集中在英格兰南部，主要是汉普郡和威尔特郡，其中许多都发现于埃夫伯里（Avebury）和巨石阵（Stonehenge）附近。美国、加拿大、法国、澳大利亚、新西兰、俄罗斯、瑞士、日本、印度和世界其他地方也都出现过麦田怪圈。当然，麦田怪圈并不仅限于麦田，它会出现在许多不同类型的耕地，如小麦、玉米、燕麦、水稻、油菜、大麦、黑麦、烟草，甚至杂草坪中。

麦田怪圈出现的季节是4月—9月，这正好是农作物的生长旺盛期。而怪圈的创作时间总是在晚上，神不知鬼不觉。

---

① 参见［美］帕特丽夏·科莉：《被禁止的知识：天才学者揭露科学与意识终极奥秘的大胆对话》，徐冬姐译，江苏文艺出版社2013年版，第148页。

麦田怪圈的图案呈现多种多样，组合型的圆形居多，有单圆、二圆、同心圆、椭圆、大小三圆组、同型五圆组、多重同心圆组等。有对称形也有非对称形，有旋涡形、圆锥形、章鱼形，还有方格阵列等形状，有的还出现了3D效果。

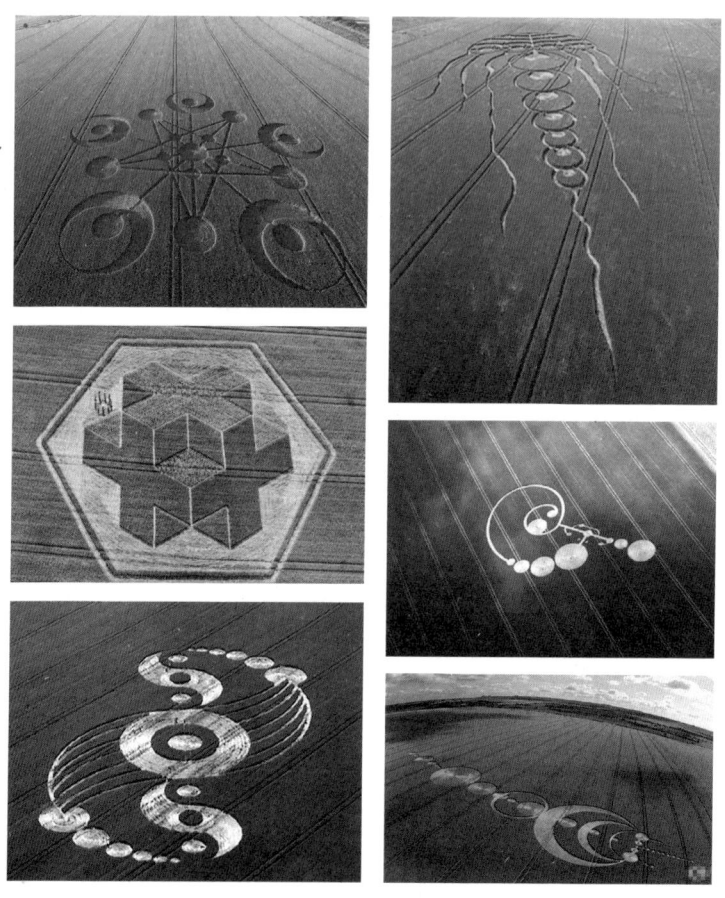

形形色色的麦田怪圈

麦田怪圈出现的原因和目的一直是个谜，各种猜测、假设、推理众说纷纭，莫衷一是。有人说它们是一种自然现象，有人说它们是无聊搞怪的人为夺眼球而精心打造的骗局，也有人说它们是外星人的作品。

一种理论认为，麦田怪圈是由名为涡流的小旋风气流形成。旋转的风柱令气流冲击地面，从而压倒农作物。涡流在多山地区很常见，如英格兰南部的一些地区。英格兰威尔特郡风暴研究所的特伦斯·米登（Terence Meaden）博士提出，制造麦田怪圈的涡流充满了能量（他的观点称为等离子旋涡理论）。当尘粒卷入充满能量的旋转气流时，看上去可能像在发光，这就能解释为何目击者有时能在麦田怪圈附近看到亮光。但问题仍未解决——相对简单的旋转气流怎么可能制造出复杂精美的麦田怪圈？

有一些人认为是某些人的恶作剧。以恶作剧制造乐趣是一些人的喜好，事实上也的确有一些无聊搞怪找乐趣的人，挖空心思在庄稼地里制作怪圈图案，以夺人眼球、制造新闻。英国麦田怪圈学家克林·安德鲁斯（Colin Andrews）对世界各地的麦田怪圈进行了研究分析，出版了《麦田圈的循环证据》一书。他认为，虽然有一部分麦田怪圈可能是人为制造的，但其中有不少麦田怪圈可能是出自某种"更高级的力量"，并非人力所为。英国某研究团体做过实验，人类制作团队很难复制出已在麦田里出现的复杂的几何图案，要复制出来也需要花费相当长的时间。而且人工要使作物有规则地倒下，一定会使作物受到明显伤害，地面也会留下人为的痕迹。于是他们作出结论，许多麦田怪圈非常精良完美，找不出任何破绽和人为痕迹，绝非人力所为。

最有可能和最具说服力的一种说法是，麦田怪圈是由其他星球来的高智慧生物制造的，这些图案是在向人类传递某种信息。

美国著名太空研究专家理查德·霍格兰（Richard Hoagland）经过大量研究后认为：出现在地球庄稼地里的怪圈很可能来自外星人。理由很简单，地球人类根本没有这种技术水平和知识积累来制作麦田怪圈这种多层次、高技术含量的交流符号。它表达出来的信息量巨大，我们人类目前还无法理解。①

---

① 参见［美］J.道格拉斯·凯尼恩编撰：《被禁止的历史》，周子玉译，江苏人民出版社2011年版，第239页。

麦田怪圈

英国研究神秘事件的领军人物安迪·托马斯（Andy Thomas）是世界上最多产的麦田怪圈作家，其代表作有《神秘领域：苏塞克斯郡的麦田怪圈现象》《探索接触：麦田怪圈、灵媒和不明飞行物的真实故事》《久经曲折的收获：来自麦田怪圈前线的报道》《麦田怪圈介绍》等。在他众多作品中，《重要迹象：麦田怪圈之谜完整指导手册》一书被誉为麦田怪圈现象研究指南的集大成之作。多年以来，安迪·托马斯一直在探访麦田怪圈。他几乎每年夏天都要在威尔特郡待上一段时间，就是为了在第一时间现场考察麦田怪圈。他坚信，怪圈现象是在我们星球上发生的一件十分重要的事情。10多年来，他探索研究的麦田怪圈有几百个。他对前去采访的美国记者帕特丽夏·科莉（Patricia Con）说："我非常庆幸这样做了。在这些个人探索活动中，我收获良多。任何严肃的研究者都需要尽量去亲身体验，而不是仅仅看航空照片。"①

克林·安德鲁斯和安迪·托马斯等学者、科学家研究发现，受到怪圈影响的庄稼出现了细胞层面上的变化，表明麦田怪圈涉及微波能量和

---

① ［美］帕特丽夏·科莉：《被禁止的知识：天才学者揭露科学与意识终极奥秘的大胆对话》，徐冬妲译，江苏文艺出版社2013年版，第136页。

电磁辐射。在麦田怪圈内，有些电子设备的正常运转会受到影响。有些人包括游客曾有一些奇怪的身体和情绪上的反应，有人声称体内有刺痛感，有人感到眩晕或紧张，有人表示听到过嗡嗡声。1996年，一些女性在参观了巨石阵附近的朱利亚麦田怪圈之后，她们原本正常的月经周期发生了变化，甚至有绝经女性在参观了这里之后月经突然再次来潮。这些麦田怪圈完美的几何学意义和梦幻般的构造，以及一些神秘元素的影响，已经再清楚不过地说明，这些麦田怪圈绝非地球人力所为。它们可能在传达着什么信息，可能是问候，可能是警示，可能是知识教化，也可能是制作者自身的方位信息或联系方式。

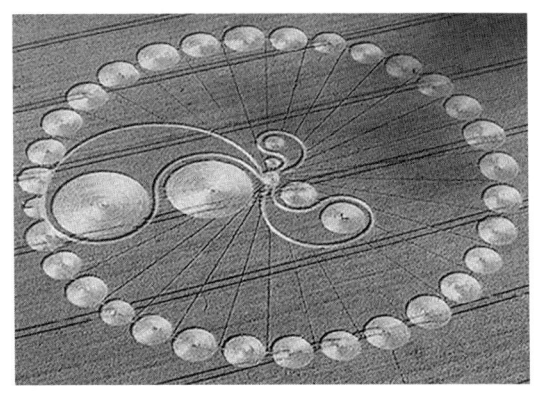

麦田怪圈

那么，地球人类在这些神秘的麦田怪圈面前，受到了什么启示呢？

数学语言提示　有些精密的麦田怪圈图案与数学方程式相关。前波士顿大学教授、天文学家杰拉·霍金斯（Gerald S. Hawkins）研究了几个麦田怪圈，发现其中的圆圈、三角形和其他形状是按特定的数值关系分布的。这表明，不论怪圈制作者是谁，他们都懂得复杂的欧几里得几何学。

还有一个麦田怪圈非常特别，它就像一张布满点和横划的圆盘，线条有的宽，有的细，构成了一个有规律的图案。经数学家和电脑专家对图案仔细分析，发现这张满是点和横划的圆盘，竟然是一个二进制密码，并且可以运用大家所知道的"ASCII系统"来解读。"ASCII"可用于在电脑上生成文本。这个圆盘上的部分内容被破译出来，它是一则警告，内容大意是："警惕假象的制造者以及被打破的承诺，痛苦还将持续一段时间。

要相信，外面的世界是美好的，我们反对欺骗，通道正在关闭。"①

这条信息显然引起了巨大的争论。密码的解读是正确的吗？它在提示着什么？尽管争论没有达成最后的统一，但各方一致承认这是一个令人吃惊的怪圈。

多元文化符号 有一些麦田怪圈具有明显的符号特性，但是大多数符号是含糊不清的。人们可以做出各种各样的解释，似乎象征着多元文化，可以感到多元思想启发。有的人说，如果只从技术上研究麦田怪圈，可能不会走出多远，解密工作应该由富有想象的艺术家和精神分析师来完成。有一个麦田怪圈在高空镜头下，显示的是一张人脸的三维图像。这张图像引起人们不少深层次的猜测，它象征着什么呢？据一些象征主义者的说法，麦田怪圈是精神信仰的传达者，它在给人们打开一条观察世界的新途径，在敦促地球人类转变思维模式，提升心灵领悟力。

天文学象征 有些人相信，麦田怪圈表现的是来自外太空的信息，证据为诸多麦田圈图案与天文、星象有关。例如，2008年，在埃夫伯里庄园（Avebury manor）出现了一个奇特的麦田怪圈，这个图案展示的是太阳系，包括中间的太阳和九大行星。专家研究发现，该麦田圈所示九大行星位置与2012年12月21日（冬至）太阳系的行星位置高度吻合。在整个图案中，似乎只有冥王星处于一个很意外

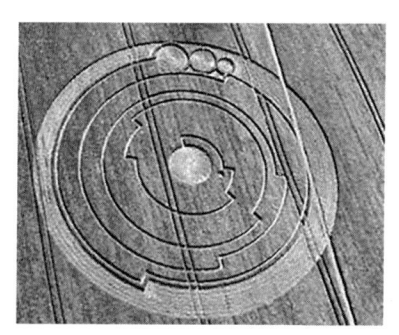
麦田怪圈

麦田怪圈

---

① ［美］帕特丽夏·科莉：《被禁止的知识：天才学者揭露科学与意识终极奥秘的大胆对话》，徐冬妲译，江苏文艺出版社2013年版，第150页。

的位置。^①在英国奇尔波顿天文台旁，连接两天出现了两个麦田怪圈，其中一个图案在形状上很像美国阿雷西博射电望远镜于1974年向外太空所发送的图案。这使人们惊讶：难道怪圈的制作者看到了那幅向外发送的图案？此外，还有大量其他图案具有天文学意义。

外星人所处位置的提示　有一些麦田怪圈蕴含着显而易见的银河系信息，使人想到这是外星人故意给地球人类留下他们所处位置的信号。其中有一个麦田怪圈表现出银河系的旋臂形状，有一个图案显示出鲸鱼座诸星的结构。2013年，在汉普郡（Winchester）出现的一个麦田怪圈，其星座指向意义更加明显。图案显示的是大圈中有一个双圆结构，而其中较小的那个圆旁边，有7个小圆围绕着它。这使我们很容易联想到猎户座天狼星的双星系统，其中较小的一颗恒星有7颗行星围绕它运转。这是不是在明白无误地告诉地球人，那儿就是图案制作者的家乡呢？这是外星人递给地球人的名片吗？

迄今为止，对麦田怪圈的这些含义和启示并未形成统一的认识，甚至在麦田怪圈研究人员内部也存在很多激烈的分歧争论。但是，把麦田怪圈现象作为地外文明的一种文化象征已得到越来越多人的认同，这种文化象征也正在给地球人类带来多方面的影响和启示。

文明进步的过程就是一个从未知到知之、从朦胧到清晰的过程。人类过去为此付出的努力可谓艰苦卓绝，今后也一定会坚持不懈、孜孜以求。地球文明追求开化和觉醒的脚步一天也没有停顿下来。

---

① 参见［美］帕特丽夏·科莉：《被禁止的知识：天才学者揭露科学与意识终极奥秘的大胆对话》，徐冬妲译，江苏文艺出版社2013年版，第152页．

第五章
地球文明的复苏

　　以大洪水为时间界线,史前文明画上了休止符。现在大家公认的一般意义上的人类文明史开始了新的发端与消长,我们称之为地球文明的复苏。这一复苏的过程和事件可谓纷繁复杂,这一复苏的证据和信息可谓浩如烟海。但是如果以宏观的角度来考察地球文明复苏的历程,我们仍然可以梳理其发展线索,从杂乱中发现规律性。拨开人类文明发展庞杂而缭乱的层层迷雾,我们看到,人类文明复苏从开始到现在,大体经历了从神权文明向君权文明发展、君权文明向民权文明转化的几个阶段。复苏的轨迹可圈可点,复苏的图景绚烂多姿。

第一节　人类文明古国

　　文字记载着人类文明发展状况，考古发现为人类文明发展状况提供了有力佐证。长期以来，许多专家和学者对人类文明起源和流派的说法争论不休，且一直处于探索之中。目前比较公认的说法是：地球上最早出现文字和文物记载的人类文明是在亚洲西南部的底格里斯河和幼发拉底河之间，是在公元前4000年由苏美尔人创造的，距今6000年左右。在这里最早出现了农业和城邦，我们称它为"两河文明"，西方称它为"美索不达米亚文明"。"两河文明"传到美洲形成印加文明，传到中非形成班图文明。之后古巴比伦王国出现，称为巴比伦文明。在尼罗河流域形成了古埃及文明，在欧亚交界的地中海形成地中海文明，在印度河流域形成古印度文明，在东亚的黄河、长江流域形成了华夏文明。这就是西方考古学家提出的人类古代文明的基本轮廓。

我国学者曾邦哲①博士在生物、哲学、文史研究上都有建树。他经过多年研究形成了自己的看法，人类文明的复苏大体经历了三代：第一代是在公元前1500年之前数千年的以亚洲中西部为核心区域的神权文明，包括华夏文化、古埃及文化、古巴比伦文化、古印度哈拉巴文化，这一时期的文化特征总体来说带有浓厚的神教统治色彩。第二代是在公元前1500年至公元后1200年之间的君权文明，包括希腊雅典文化、波斯文化、希伯来基督教文化、印度佛教文化、中国儒道法文化，这一时期的文化特征以君权为中心，统称君权文明。第三代是在公元13世纪开始至今的民权文明，包括意大利文艺复兴、日本明治维新、英国宪章运动，这一时期的文化特征是以民权为发展方向，揭开了人类近现代文明的新篇章。

人类历史上产生的四大文明古国分别是：以两河流域为中心的古巴比伦文明、以尼罗河为中心的古埃及文明、以印度河为中心的古印度文明、以长江黄河为中心的华夏文明。我们来分别了解一下。

古巴比伦文明 发源地在中东两河流域，今伊朗、伊拉克境内。古巴比伦文明的前身为苏美尔文明，距今有6000多年历史。公元前21世纪，苏美尔人在两河流域建立伊新和拉尔沙两个国家。两国对峙200余年后，于公元前19世纪初期，阿姆纳努姆部落首领苏木阿布摆脱了伊新国的控制，建立巴比伦王国，又称古巴比伦第一王朝。由于地理位置优越，境内水源丰富，土地肥沃，政治和经济实力不断增强，到第六代国王汉穆拉比在位时，巴比伦王朝先后征服伊新、拉尔沙、乌鲁克等国，并占据亚述南部，建立了从波斯湾至地中海沿岸的中央集权制奴隶制帝国，自称世界四方之王。到第七代国王萨姆苏伊卢纳在位时，巴比伦先后遭到埃兰和加喜特部族的侵袭，内部也发生反奴役斗争，导致了王朝的衰落。至公元前

---

① 曾邦哲，祖籍江西吉安，1963年出生于湖南娄底。1999年，创建系统生物科学与工程网。2008年，创立国际首家系统生物工程研究所。在国际上率先发表系统医学、系统遗传学与系统生物工程概念与原理，为系统遗传学奠基人。

1595年，赫梯部落首领穆尔西里斯一世将其推翻。就这样，古巴比伦文明渐渐被其他文明所取代。

在古巴比伦时期，他们不仅发明了文字，而且发明了用于书写文字的"泥板"，青铜器和铁器等制作技术得到提高，建筑成就突出，出现了城垣雄伟、宫殿壮丽的景象。在政治制度上，大奴隶制开始瓦解，各个城邦已经开始制定和使用法典。著名的汉穆拉比法典堪称世界上第一部比较完整的成文法典。人类还建立了中央集权的专制制度，社会出现了全权自由民、无权自由民和奴隶阶级三个等级。土地分为宫廷之田、纳贡份地和私人土地三类。

巴比伦文明虽然古老，但数千年来当地动荡不宁，文化备受摧残。直到现在，伊朗、伊拉克一带多年来还是战火不断，文化遗产没有得到继承，也很难找到遗存物，所以他们自己也搞不清先祖的巴比伦文明是什么样子了。现在的文化教育情况也是非常糟糕，当年的文明风采荡然无存。

古埃及文明　古埃及发源地在尼罗河流域，非洲东北部，阿拉伯半岛西北部，主要在今埃及境内。公元前3150年，那尔迈统一了埃及，建立了31个王朝，时间跨度达3000多年。其统治者称为法老，其中有霍特普司克摩伊（Hotepseknemoui）、胡尼（Houni）、胡夫（Khufu）、萨胡蕾（Sahoure）、吉德卡雷－伊塞西（Djedkare-Isesi）、佩比（Pepi）等上百个

古埃及王国法老

国王。公元前30年，罗马帝国屋大维（Octavius）攻占埃及，克利奥帕特拉七世（Cleopatra）自杀，托勒密王朝覆灭，埃及并入罗马帝国，历时3000多年的法老王朝覆灭。

古埃及有自己的象形文字系统，完善的政治体系和多神信仰的宗教系统。宗教是古埃及文化最重要的组成部分，贯穿了整个古埃及历史。其宗教信仰中最重要的便是神明。阿蒙（Amon）神是古埃及史上最重要的神之一，在古埃及语里是"隐形"的意思，在诸神中一直占有显赫的地位。阿图姆（Atoum）是太阳神，伊西斯（Isis）相当于埃及宗教里的"圣母"，玛特（Maat）是正义、秩序之神。"玛特"一词还成了埃及社会中宗教和伦理道德的准则，对古埃及人来说，人的行为必须符合"玛特"，因为那是神的旨意。

古埃及文明影响了后面的犹太、古罗马、古希腊等多个文明。他们在农业生产上取得了巨大的成就，能够应对尼罗河一年一次的潮汛。古埃及文明创立了先进的医学体系。古埃及的象形文字，公元前3500年就已经完全成熟了，而且有了圣书体、僧侣体和世俗体之分。有了文字这个载体，埃及的文明就张开了翅膀，它的影响不再局限于尼罗河地区，开始向近东地区、非洲和地中海沿岸传播。古埃及文明也和古巴比伦文明一样，在兴盛了一段时间以后，由于外族入侵，他们慢慢地被波斯、马其顿、古罗马、阿拉伯等民族征服。到公元前303年，古埃及的文字、文化以及宗教信仰都消失了。如今的埃及人，他们连什么是象形文字都不懂，也没有什么地方可以找到法老的后裔，在开罗遇到零星的阿拉伯人，也都是战争以后的混血人种，而且他们信仰的是伊斯兰教。可以说，古埃及文明已经烟消云散。

古印度文明　发源地在恒河流域，它的地理范围包括今天的印度、巴基斯坦、尼泊尔等多个国家，其发端距今4500年。古印度文明的源头是哈拉帕文化。公元前2000年左右，游牧民族雅利安人出现在印度西北部，逐渐向南扩张。到公元前6世纪，在印度形成了16个国家。经过长时期的兼并战争，到公元前4世纪，印度在南部的恒河流域建立起以摩揭陀为中心的统一国家。

古印度文明中最有名的是种姓制度。它依据当地人在原人（指神或圣人）身体上所处的位置，分为不同的等级。首先最高等的是婆罗门，代表原人的嘴巴；其次是刹帝利，代表原人的两只胳膊；再次是吠舍，代表原人的大腿；最后是首陀罗，代表原人的脚。种姓不同，其社会地位不同。越往上，地位越高，权利越多，所尽的义务也就越少，反之亦然。这种层级分明的种姓形成了等级森严的社会制度。古印度文明最显著的特征是其宗教性。自从雅利安人进入南亚次大陆起，便大力推行婆罗门教和吠陀文化，之后形成印度教。印度教是多神教，神的名目繁多，数不胜数。此外，锡克教、佛教和耆那教都起源于印度，所以说，印度是世界宗教的重要发祥地。

释迦牟尼创立佛教，孔雀王朝时佛教达到鼎盛，后来由于种种原因急剧衰落。古印度文明在建筑、医学、天文学、文学、哲学和自然科学等领域都有傲人的成就，著名的遗存有哈拉帕文化遗址、泰姬陵、布道山洞、哈马尔大陵墓等。哲学方面创立了"因明学"，相当于今天的形式逻辑学。

婆罗浮屠

在自然科学方面，发明了世界通用的阿拉伯数字。此外还有大量精美的绘画和雕塑。

但是，古印度文明在盛行数百年以后，又被波斯、马其顿、阿拉伯等外族入侵，原有文明被冲击，有的被强行掐断。古印度文明经历了一次次的中断与破坏，其发展线索已不清晰，就连最初在这里创始的佛教，也是在公元13世纪的时候由外面倒传进去的。

中华文明　发源地在黄河流域，包括中国疆域广大范围。西方学者提出的"中国文明西来说"，把仰韶文化作为中华文明的起点，其实是与事实不符的。大量的考古发现证明，中华文明的存续时间不是现在历史教科书中所称的5000年，而是至少8000年。根据考古发现，甘肃天水一带的大地湾文化、浙江义乌的桥头文化，距今有8000多年历史。位于河套地区的仰韶文化、山东的大汶口文化、浙江的河姆渡—良渚文化、陕西神木的石峁文化，距今有6000多年的历史。位于西北的红山文化、中原的二里头文化、长江中下游的龙山文化，距今有5000多年的历史。从这些遗迹遗存可以看出，中华文明时期早、覆盖广、遗存多，是世界早期文明的发源地。

到了距今大约5000多年的时候，黄河流域作为核心，形成了比较鲜明的中原文化。在公元前2070年，中国历史上诞生了第一个王朝——夏朝，其行政管理区域和文化影响区域逐渐扩大。此后，即使有一些偏远民族入侵，非但没缩小中国的版图，反而使中国的版图扩大了，因为中原文化有着非常强大的包容性，当外族带来他们自己民族文化的时候，中原文化慢慢地就把这些文化吸收融合成为自己文化的一部分。库尔德人、突厥人、蒙古人、土库曼人、鲜卑人、女真人，他们的文化慢慢融入中原文化之中，成了中华文明的一部分。所以中国经历了很多次的改朝换代，中华文明还是以其旺盛而顽强的生命力延续发展。在世界四大文明古国当中，中国是唯一一个没有中断文化发展的文明古国。在谈到世界四大文明的时候，中华文明不需要在它的前面加上一个"古"字，就是因为中华文明从来没有中断过。到了近代，虽然西方国家企图打开中国大门改变中华文明的格局，但是没有得逞，中华文明依然以其顽强的生命力独领风骚。

第二节 文明发展的重要节点

有文字记载的人类历史是6000年，文明发展波澜壮阔。纵观历史长河，我们可以看到波涛汹涌中泛起的一朵朵绚丽的浪花。下面，就让我们来回望历史，撷取其中的重要事件，我们称之为文明发展的重要节点。通过对一个个节点的回顾，来看看地球文明发展的大体脉络。

一、奴隶制国家形成

奴隶制是人类历史上出现最早的国家治理制度。约公元前4000年，就有类似于国家的组织形式出现。公元前3300年，巴比伦王国建立，公元前3150年，埃及王国建立，公元前2900年，亚述王国建立，公元前2120年，印度哈拉帕王国建立，公元前2070年，中国夏王朝建立。这些都是地球上出现的最古老的奴隶制国家。奴隶制社会的经济基础是奴隶主占有生产资料和占有作为生产者的奴隶，奴隶只是会说话的工具。奴隶制国家的统治方法极端残暴，还普遍使用宗教迷信的方法统治奴隶和自由民。法老、祭司等在国家统治中占有显要的地位。

二、《汉穆拉比法典》产生

《汉穆拉比法典》是巴比伦王国第一部法律，它大概产生于公元前18世纪。该法典共3500行，8000个左右的楔形文字，法典的正文共有282条。该法典刻在一个石柱上，于1901年在考古时被发现。

刻在石柱上的《汉穆拉比法典》

三、埃及奴隶和贫民大起义

公元前1750年左右，埃及中王国末期爆发奴隶与贫民反对奴隶主阶级统治的大起义。前后延续80余年，起义者掳走法老，夺取王权，打死官吏，抵抗法令，剥夺富人财产，给奴隶主阶级以致命打击，埃及中王国从此走向衰亡。

四、古希腊哲学诞生

公元前6世纪，希腊伊奥尼亚地方的一些哲学家开始提出世界的本原问题，他们质疑过去流传的种种神话创世说，认为世界的本原是由物质的元素如水、气、火等构成的，形成了西方最早的朴素唯物主义哲学。公元前5世纪，雅典经过几次改革，出现了一批以论辩术为业的思想家，被称为"智者"。他们讨论的中心不再是自然界和宇宙生成等问题，而集中到人类社会政治伦理方面来。其中著名的哲学家苏格拉底、柏拉图和亚里士多德，共同创立了对西方文明影响最大的古希腊哲学。

五、梭伦改革

梭伦（Solon，公元前640年—公元前558年）是古代雅典的政治家、改革家、诗人。他出生在雅典的一个贵族家庭，但十分注重社会民情，为古希腊"七贤"之一。公元前594年，梭伦被选为雅典的首席执政官，对现有法律及规定实施了一系列改革，修改和颁布了多项法令，向氏族贵族发动了猛烈的进攻，打破了贵族依据世袭特权垄断官职的局面，为非贵族出身的奴隶主开辟了取得政治权利的途径。梭伦改革，被后人誉为成功改革的典范。

六、佛教产生

公元前500多年，古印度迦毗罗卫国（今尼泊尔境内）王子乔达摩·悉达多（释迦牟尼）创立佛教。佛，意思是"觉者"，"见性成佛"，重视人类心灵和道德的觉悟。佛教徒修行悟佛的目的在于发现生命和宇宙的真相，最终超越生死和苦乐，断尽一切烦恼，最终得到解脱。到了唐朝玄奘法师遍参天竺数十国取经，大乘佛教在中国盛行，世界佛教的中心也渐渐转移到了中国，并进而传播影响到日本、朝鲜、越南、新加坡等地。

七、孔子创立儒学

孔子（公元前551年—公元前479年），鲁国陬邑（今山东曲阜）人。孔子是公元前5世纪后期社会上最博学者之一，中国古代思想家、政治家、教育家、儒家学派创始人。孔子开创私人讲学之风，有弟子三千，其中贤者七十二。但是，他的治国处世主张并不为他所在的鲁国某些权贵所认同。在这种情况下，

孔子像

孔子只得带领部分弟子周游列国，历时14年，先后到卫、陈、曹、宋、郑、蔡等国宣扬他的主张。他在仕途上虽然没有受到重用，但其思想影响深远。孔子主张"为政以德"，即用道德和礼教来治理国家。提倡"礼治"，即用"仁、义、礼、智、信"来处理人与人之间的关系。他和最得意门生的言论被记录整理编成《论语》一书，被奉为儒家经典。孔孟思想，儒家学派，逐渐成为影响中国最大的流派，对东亚乃至全世界都产生了深远的影响。

八、秦始皇统一六国

秦始皇嬴政（公元前259年—前210年），是中国古代杰出的政治家、战略家、改革家，首次完成中国大一统的政治人物，也是中国第一个称皇帝的君主。嬴政生活的那个年代，诸侯割据，藩国并立，混战不断，长期的战争给社会生活带来了严重的破坏。嬴政于公元前247年继承秦国王位，后平定长信侯嫪毐的叛乱，重用李斯、王翦等人。自公元前230年至公元前221年，先后灭韩、赵、魏、楚、燕、齐六国，完成了统一中国大业，建立起第一个中央集权的统一的多民族国家——秦朝，自称"始皇帝"。秦始皇奠定了中国2000余年政治制度的基本格局。

九、斯巴达克起义

斯巴达克是罗马入侵北希腊时的俘虏，被卖成为角斗士奴隶，受到非人待遇。公元前73年，因不堪奴隶主的虐待，斯巴达克鼓动了70多名同为角斗士的阶级兄弟拿起了厨房的菜刀和铁叉，冲出牢笼，举行起义。起义军队伍迅速发展壮大，最鼎盛时有7万多人。公元前71年，起义军在阿普利亚与数倍于己的罗马军展开决战，终因寡不敌众，起义军战败，斯巴达克壮烈牺牲。这是罗马奴隶制国家爆发的一次最大的奴隶起义，也是古代社会大规模奴隶反抗事件，在世界历史上具有重要意义。

十、基督教在罗马取得合法地位

基督教创立后，在起初的一两百年间，该教在罗马帝国是作为异教被

斯巴达克起义

政府禁止的。公元313年，罗马帝国皇帝君士坦丁大帝颁布米兰诏书，宣布基督教为政府所允许，并把基督教的教义纳入法律之中。391年，罗马皇帝狄奥多西一世宣布基督教为国教。基督教宣扬悔过赎罪、来世永生、救世主拯救世人的观点，给不堪忍受现实苦难的人们带来了希望，给不同社会阶层的人们带来了新的精神追求。从此，基督教得到迅速发展，并传播到世界各地。

十一、西罗马帝国灭亡

395年，罗马皇帝狄奥多西一世将帝国分为东罗马和西罗马。东西罗马帝国分治后，社会危机加剧，后期的西罗马帝国内乱严重，哥特人首领阿拉里克三次包围罗马城。第三次包围是410年，城内的奴隶为阿拉里克打开了城门，西罗马帝国遭到了毁灭性的打击。476年，罗马雇佣兵领袖日耳曼人奥多亚克废黜西罗马最后一个皇帝，西罗马遂告灭亡。西罗马帝国的灭亡其实就是西欧奴隶制的崩溃。西罗马帝国灭亡后，欧洲进入了近1000年的中世纪。

十二、查理曼帝国分裂，法兰西、德意志、意大利雏形产生

查理曼帝国是中世纪西欧早期的封建帝国。查理大帝统治时期（768—814年），版图西南至厄布罗河，北临北海，东至易北河和多瑙河，

南面包括意大利北半部。查理死后，帝国陷于内战。843年，根据《凡尔登和约》，查里曼帝国分裂为三部分：莱茵河以东地区称东法兰克王国；斯海尔德河、默兹河以西地区称西法兰克王国；莱茵河以南，包括罗讷河、中部意大利为中法兰克王国。这样的格局大体奠定了德意志第一帝国、法兰西王国、意大利王国的雏形，也标志着封建制度在西欧的确立。

十三、欧洲文艺复兴运动

文艺复兴是指发生在欧洲14—16世纪的一场反映新兴资产阶级要求的思想文化解放运动。欧洲文艺在希腊、罗马古典时代曾高度繁荣，但在中世纪"黑暗时代"却衰败湮没，直到14世纪后才获得"新生"，因此称为"文艺复兴"。文艺复兴产生的根本原因是随着生产力的发展，新兴的资产阶级不满教会对精神世界的控制。文艺复兴以人本主义为中心，反对神的权威，把人从中世纪的神学枷锁中解放出来，肯定人的价值和尊严；追求自由平等，反对等级观念；崇尚理性，反对蒙昧迷信。出现了但丁、达·芬奇、米开朗琪罗等众多著名的艺术家，为世人留下了许多文学、音乐、绘画、雕塑等不朽之作。

米开朗琪罗雕像作品

十四、英法百年战争

指英国和法国于1337—1453年间的战争，断断续续长达116年，是世界上持续时间最长的战争。战争是以英王爱德华三世与法王腓力六世争夺法国王位引起的。经历的主要战役有斯鲁伊斯海战、克雷西会战、普瓦捷会战、蒙铁儿战役、阿金库尔战役、奥尔良战役等,在1450年的库米尼战役中,法军收复诺曼底。1453年10月19日,英军宣布投降。战争给英法两国人民带来了巨大损失,但客观上形成了中央集权制的民族国家,并促进了两国军事技术的变革。百年战争,法国收复失地,实现国家统一。英格兰则民族主义兴起,开始海外扩张,成为全球最大的帝国。

十五、麦哲伦船队环球航行

斐迪南·麦哲伦(Ferdinand Magellan),1480年出生于葡萄牙,著名航海家。16世纪初,为了证明地圆学说,很多航海家都想进行环球航行的探险,但因各种原因未能完成。麦哲伦的环球航行计划获得了西班牙王室的支持。1519年9月,麦哲伦率领一支200多人的探险船队,分乘5艘帆船从西班牙出发,向西南穿越大西洋,绕过南美大陆南端的海峡,进入太平洋。船队在经过菲律宾时,麦哲伦被杀。船队继续向西穿过印度洋,绕过非洲南端的好望角,终于在1522年9月回到原出发地西班牙。麦哲伦船队虽然最后只剩下一艘帆船和10多名船员,但坚持完成了人类首次绕地球一周的航行。为了纪念麦哲伦在人类航海史上作出的巨大贡献,人们将其经过的南美大陆南端的海峡命名为麦哲伦海峡。

十六、哥白尼提出日心说

尼古拉·哥白尼(Nicolaus Copernicus,1473—1543)是波兰天文学家。哥白尼上中学时就对天文学发生了兴趣,经过30年的观测、计算和反复思考,终于在1539年写下了不朽的名著《天体运行论》,第一次使"日心说"打破了长期以来居于宗教统治地

哥白尼所著《天体运行论》

位的"地心说",带来了天文学的革命。意大利思想家乔尔丹诺·布鲁诺（Giordano Bruno）因为勇敢地捍卫和发展了哥白尼的日心说,被宗教裁判所判为"异端"而烧死在罗马鲜花广场。哥白尼的日心说的意义是使自然科学从神学中解放出来,开辟了科学发展的新时代。

十七、英国资产阶级革命

从17世纪开始,英国逐渐成为海上强国。经济发展极大地加强了富裕阶层和新贵族的势力,可那些旧的上层阶级不愿自动退出历史舞台。1603年,苏格兰斯图亚特王朝的宗教神权政策进一步激化了阶级矛盾,导致了1640年英国资产阶级革命的爆发。到1688年,历经40多年,以新贵族阶级为代表的新兴资产阶级终于推翻了斯图亚特王朝的封建专制统治,并在1689年颁布《权利法案》,确立了议会君主立宪制。英国资产阶级革命是人类历史上民主制度对专制制度的一次重大胜利,它推动了世界历史发展的进程,是世界近代史的开端。

十八、美国独立战争

美国独立战争是1775—1783年北美13个殖民地人民推翻英国殖民统治的战争。1775年4月19日,波士顿郊区的莱克星顿打响了美国人民争取民族独立的第一枪。5月10日,来自殖民地13个州的代表在费城召开会议,通过了组织大陆军的决议,推举乔治·华盛顿为总司令。1776年7月4日,宣布了《独立宣言》,宣告北美13个殖民地脱离英国的殖民统治,成立美利坚合众国。独立战争得到了民众的拥护与支持,得到了法国、西班牙、荷兰等国的援助。1783年9月3日,英国终于承认了美利坚合众国。美国独立战争是世界历史上第一次大规模民族独立战争,诞生了世界上第一个联邦共和制国家,为殖民地民族解放运动树立了范例,为美国资本主义发展开辟了道路。

十九、法国资产阶级革命

18世纪,法国资产阶级在经济上富有了,但在政治上仍处于无权地位。他们强烈要求制定宪法,限制王权,破除特权,实行有利于资本主义的改革。1789年6月,法国资产阶级和城市平民的代表召开国民会议,成立制宪议会,遭到国王路易十六的打击,由此激起巴黎平民武装起义。1789年7月14日,起义群众攻克象征封建统治的巴士底狱,此后,大革命暴风骤雨,经历了三次起义,五年历程,通过了《人权宣言》与《拿破仑法典》,结束了法国1000多年的封建统治。法国资产阶级革命是世界近代史上一次规模最大、范围最广的资产阶级革命,它震撼了整个欧洲大陆的封建秩序,传播了天赋人权、三权分立等民主思想,是君权文明向民权文明过渡的典范。

二十、《共产党宣言》发表

《共产党宣言》是1847年11月共产主义者同盟第二次代表大会委托马克思和恩格斯起草的一个党纲。宣言的核心原理如下:生产方式与交换方式决定社会结构,而社会结构是政治和精神赖以确立的基础。宣言的基本思想是:无产阶级必须用暴力推翻资产阶级的统治,在实现生产资料公有制的基础上尽可能快地增加生产力总量。宣言的奋斗目标是:消灭私有制,消灭阶级,创造国家消亡和每个人自由发展的条件,最终实现共产主义社会。宣言发出了振聋发聩的号召:"全世界无产者,联合起来!"《共产党宣言》在人类历史上第一次全面系统地阐述了科学社会主义理论,使共产主义运动成为不可抗拒的历史潮流。

二十一、巴黎公社运动

1870年9月2日,法国拿破仑三世在普法战争中战败投降。巴黎的工人和劳动群众挺身而出,自动组织起来成立了国民自卫军。法国梯也尔临时政府的丧权辱国行为激起了国民的极大愤慨。1871年3月18日,由国民自卫军选出的中央委员会发动武装起义,梯也尔政府仓皇逃往凡尔赛。3月28日,20万人聚集在巴黎市政厅前宽敞的广场上,庆祝巴黎公社正式成立。这是有史以来无产阶级推翻资产阶级统治、建立无产阶级专政的第一次伟大尝试,被马克思热情称颂:"英勇的3月18日运动是人类从阶级社会中永远解放出来的伟大的社会革命的曙光!"巴黎公社为国际共产主义运动提供了极其宝贵的经验和教训,在共产主义运动史上占有极其重要的地位。

巴黎公社成立大集会

二十二、日本明治维新

日本明治维新是日本明治政府在19世纪后半叶推行的资产阶级改革运动。1868年1月,倒幕派推翻了德川幕府,把政权交给了明治天皇。在倒幕派的极力主张下,新政府大刀阔斧地在政治、经济、社会等各个方面进行改革,史称"明治维新"。经过明治维新,日本废除了封建幕藩体制,摆脱了殖民地危机,建立起了近代民族国家,保障了资本主义的发展。明治维新运动是日本由封建社会过渡到资本主义社会的转折点。但还是保留了大量封建残余,使得带有封建性、垄断性的国家资本和特权财阀资本迅猛发展,导致日本成为军事封建帝国主义国家,并很快走上对外侵略扩张的道路。

二十三、第一次世界大战

第一次世界大战是1914—1918年同盟国与协约国两大帝国主义阵营为瓜分世界而进行的战争。交战的一方为同盟国的德国和奥匈帝国,以及他们的追随者奥斯曼帝国、保加利亚等，另一方为协约国的英、法、俄以及支持他们的塞尔维亚、比利时、意大利和日本等国。战争打响后，经过多次反复交战，以德国为首的同盟国战败，于1918年11月11日同协约国签订停战协定，第一次世界大战宣告结束。第一次世界大战对国际关系产生了极大的影响，进一步促进了民族解放运动的发展，加速了欧洲各国资本主义的衰落。

二十四、俄国十月社会主义革命

1917年11月7日（俄历10月25日），俄国首都彼得格勒（圣彼得堡）的工人赤卫队和革命士兵在以列宁为首的布尔什维克领导下举行武装起义，向资产阶级临时政府所在地圣彼得堡冬宫发起总攻，推翻了临时政府，建立了苏维埃政权，建立了在马克思主义政党领导下的第一个社会主义国家——俄罗斯苏维埃联邦社会主义共和国。十月革命的胜利是20世纪重要的事件之一，它开创了人类历史的新纪元，为世界各国无产阶级革命、殖民地和半殖民地的民族解放运动开辟了前进的道路。

俄国十月革命

二十五、第二次世界大战

亦称世界反法西斯战争，是继第一次世界大战之后人类史上规模最大的战争。1939年9月1日至1945年9月2日，以纳粹德国、日本、意大利三个法西斯轴心国和匈牙利王国等仆从国为一方，以美国、苏联、英国、中国等反法西斯国家为另一方之间的大规模战争爆发。先后有61个国家和地区、20亿以上的人口被卷入战争，双方共死亡7000余万人。最后以反法西斯国家战胜法西斯侵略者而告终。第二次世界大战在客观上推动了科学技术的发展，促进了亚非拉民族解放运动，使社会主义力量空前壮大，极大地改变了世界格局，推动了人类历史的发展进程。

二十六、联合国成立

1945年10月24日，在美国旧金山签订生效的《联合国宪章》标志着联合国正式成立。联合国是一个由主权国家组成的国际组织，它致力于促进各国在国际法、国际安全、经济发展、社会进步、人权及实现世界和平等方面的合作。联合国当前共有193个成员国，此外还有2个观察员国（梵蒂冈和巴勒斯坦）。联合国安全理事会的五大常任理事国是：美利坚合众国、俄罗斯联邦、大不列颠及北爱尔兰联合王国、法兰西共和国、中华人民共和国。联合国的行政首长是联合国秘书长，当前由安东尼奥·古特雷斯（Antonio Guterres）担任。联合国总部设立在美国的纽约市。联合国在维护世界和平、缓和国际紧张局势、解决地区冲突、协调国际经济关系、促进世界各国经济科学文化的合作与交流方面，都发挥着积极作用。

联合国徽标

二十七、中华人民共和国成立

1949年10月1日下午3时，北京30万群众聚集天安门广场，举行隆重的开国大典。毛泽东主席在天安门城楼上向全世界庄严宣告中华人民共和国中央人民政府成立。中国共产党经过28年艰苦卓绝的斗争，领导全国各族人民，推翻了压在人民头上的帝国主义、封建主义和官僚资本主义三座大山，取得新民主主义革命的胜利。新中国的成立，中国共产党成为全国范围的执政党，人民成为国家的主人，开辟了中国历史的新纪元。新中国的成立，彻底改变了近代以后100多年来中国积贫积弱、受人欺凌的悲惨命运，中华民族走上了实现伟大复兴的壮阔道路。新中国的成立，壮大了世界和平、民主和社会主义的力量，鼓舞了世界被压迫民族和被压迫人民争取解放的斗争。

二十八、中国改革开放

1978年12月18日—22日，中国共产党十一届三中全会在北京召开，标志着改革开放的开始。以邓小平同志为主要代表的中国共产党人深察国情，体察民情，果断结束"以阶级斗争为纲"的指导思想，确立以经济建设为中心的基本路线和改革开放的基本方略，使党和国家从困惑中重新奋起。改革开放从农村开始，到城市各个领域，极大地调动了劳动者的积极性和创造性。利用外资渠道，使中国经济突飞猛进，科技、教育、社会、文化、居民生活等方面发生巨大变化，中国开启了从站起来到富起来再到强起来的伟大飞跃。

二十九、世界贸易组织成立

世界贸易组织（World Trade Organization，WTO）是1994年4月15日在摩洛哥举行的关贸总协定乌拉圭回合部长会议上决定成立的，用以取代1947年成立的关贸总协定。1995年1月1日正式运行，总部在瑞士日内瓦。世界贸易组织是当代最重要的国际经济组织之一，拥有164个成员（中国于2001年12月11日正式加入WTO）。成员贸易总额达到全球的98%，有"经济联合国"之称。该组织基本原则是通过实施市场开放、非歧视和公平贸易等原则，来实现世界贸易自由化的目标，在管理世界经济和贸易秩序、调解成员争端方面具有权威性。世贸组织（WTO）与国际货币基金组织（IMF）、世界银行（WB）一起被称为世界经济发展的三大支柱。

三十、习近平新时代中国特色社会主义思想指导中华民族伟大复兴

中国共产党领导中国人民经过长期艰苦卓绝的奋斗和探索，坚持独立

自主走自己的路，取得了新民主主义革命、社会主义建设、改革开放的伟大胜利。2012年11月，中国共产党第十八次代表大会在北京召开，大会选举产生了以习近平同志为总书记的中央委员会。以习近平同志为核心的党中央准确把握中国历史方位和世界时代走向，在坚持和发展马克思列宁主义、毛泽东思想、邓小平理论、"三个代表"重要思想、科学发展观的基础上，形成了习近平新时代中国特色社会主义思想。在这一指导思想的指导下，全党、全国各族人民围绕建设富强民主文明和谐美丽的社会主义现代化强国总目标，坚定道路自信、理论自信、制度自信、文化自信，大力推进经济建设、政治建设、文化建设、社会建设、生态文明建设的总体布局，协调推进全面建成小康社会、全面深化改革、全面依法治国、全面从严治党的战略布局，对外弘扬和平、发展、公平、正义、民主、自由的全人类共同价值，使中国大踏步迈开了以中国式现代化全面推进中华民族伟大复兴的坚实步伐。这一创举，对创建人类文明新形态、推进全球文明进步具有时代意义。

当然，人类文明发展的节点不限于以上内容，限于篇幅，这里不一一列举。我们浏览了这些人类文明发展的重要节点，仿佛参观了一回地球文明复苏展览馆的社会展厅。

第三节　科技文明之光

地球文明的复苏在很大程度上是在科技成果的传承性和创新性上表现出来的。技术和科学的发展，使人类文明进步产生由量变到质变的积累，直至产生质的飞跃。作为人类文明发展标志的一个重要方面，科技文明传承与创新的轨迹反映了地球文明复苏与发展的轨迹。

有文字记载以来的人类科技史表明，古代社会相对先进的技术和科学知识在北非的尼罗河流域、西亚的两河流域、东亚的黄河和长江流域、地中海沿岸的希腊和罗马地区、南亚的印度河和恒河流域产生，并迅速通过各种途径扩展到欧亚大陆、美洲、非洲和大洋洲。各个领域的科学技术成果在继承前人的基础上，迅速得到发展和创新。其主要代表性成果分布在天文、地理、物理、数学、生物化学、工程和实用技术等领域。这一项项诱人的科技成果，犹如五光十色、光彩夺目的宝石，深深镶入整个人类文明的巍巍大厦之中。

让我们按领域划分，按时间顺序，来重温一下人类科技发展史。相当于参观一回地球文明复苏展览馆的科技展厅。让我们从看似微小的点滴科技事件，领略一下科技文明是如何在地球文明发展的长河中泛金跃银、闪烁光芒的。

天文学领域　公元前40世纪，古埃及发明了世界上最早的太阳历。公元前722年，中国开始用干支纪日。公元前7世纪，巴比伦人发现日月食循环的沙罗周期。公元前613年，中国有彗星的最早记录，即后来有名的哈雷彗星。公元前4世纪，中国古代荀子在《天论》一书中提出了地球中心说。公元前4世纪，希腊的菲洛劳斯提出中心火说，这是日心说的萌芽。公元前350年，中国战国时代的甘德、石申编制了世界上最早的星表。世界上最早的有关超新星爆发的文字记载为《后汉书·天文志》。1385年，中国南京观象台建立，这是当时设备最完善的天文台。1539年，波兰的哥白尼提出了以太阳为中心的宇宙理论。1543年，哥白尼的《天体运行论》出版，从此自然科学开始从神学中解放出来。1609—1619年，德国的开普勒提出行星运动定律。1609年，意大利的伽利略制成第一架天文望远镜，观察到木星的四颗卫星。1851年，法国的富科证明了地球自转。1903年，俄国的齐奥尔科夫斯基提出采用多级火箭实现航天飞行的理论。1925年，美国的亚当斯发现天狼星光谱线的引力红移，验证了爱因斯坦的广义相对论。1929年，美国的哈勃发现星系的红移与离地球的距离成正比，验证了宇宙正在膨胀。1939年，美国的奥本海默和斯奈德预言黑洞。1957年，苏联发射第一颗人造地球卫星。1969年，美国阿波罗11号宇宙飞船成功登月。1970年，中国发射"东方红1号"人造地球卫星。1973年，英国的霍金发现量子效应和黑洞辐射粒

苏联第一颗人造地球卫星

子。1978年，美国的泰勒观测短周期双星证实了引力波，再次验证了广义相对论。1981年，美国的航天飞机第一次升空。1990年，美国的哈勃望远镜被送上太空。2003年，美国科学家借助数字天域测量技术观测分析得出结论，证实宇宙暗物质存在。2005年，欧洲航天局"惠更斯"号探测器由美国"卡西尼"号飞船搭载，成功登陆土卫六卫星，创造了人类探测器登陆其他天体最远距离纪录。2009年，美国开普勒太空望远镜启用，发现恒星的行星系统是普遍现象。2012年，美国采用核动力驱动的"好奇"号火星车成功登陆火星。2016年，中国500米口径的FAST超级射电望远镜建成，它是目前世界上最大的射电望远镜。

地理学领域 公元前25世纪，巴比伦人在石片上刻画地图，这是世界上发现最早的地图。公元前23世纪，中国甲骨文有连续10天的天气记录。公元前9世纪，希腊《荷马史诗》有小亚细亚沿岸地带的描述。公元前6世纪，中国《考工记》第一次提出南北植物和动物分布的界线。公元前4世纪，中国有按月记录物候的文字记载，是世界上最早的物候专篇。公元前3世纪，希腊埃拉托色尼首创"地理学"一词，提出用几何方法计算地球周长，奠定数理地理的基础。公元前250年，中国能工巧匠发明"司南"识别南北方向。公元前230年，希腊的厄拉多塞在埃及的亚历山大测定出地球的大小。公元前30年，希腊亚里士多德证明大地是个球体，并将南北半球划分为若干对称的温度带。92年，中国班固完成第一部用"地理"二字命名的著作《汉书地理志》。2世纪，希腊托勒密撰写《地理学指南》，运用圆锥、圆筒等方法绘制地球。527年，中国郦道元完成以河流为纲的地理著作《水经注》。6世纪，西方商人科斯马斯撰写《基督世地形》，用宗

郦道元地理著作《水经注》

教解释地理现象。627—629年，中国玄奘去天竺（印度）取经，646年著《大唐西域记》。779年，中国窦叔蒙撰写中国现存最早的海洋专著《海涛志》。1086—1093年，中国沈括撰写地理著作《梦溪笔谈》。1175年，中国范成大撰写《桂海虞衡志》，较详细地介绍了喀斯特地貌和洞穴。1502年，意大利韦斯普奇航行到南美洲并向世人公布发现"新大陆"。1569年，墨卡托用正轴等角圆柱投影（又称墨卡托投影）绘制出世界航海地图。1607年，中国徐霞客开始旅行考察，撰写《徐霞客游记》。1845年，俄国地理学会成立。1909年，美国R.彼利到达北极。1911年，挪威R.阿蒙森到达南极。1959年，中国考察队对珠穆朗玛峰进行科学考察。1979年，苏联在位于科拉半岛西北部的贝辰加地区，钻挖了一口深度为12262米的地质勘探井，为世界最深钻井。2018年，首届联合国世界地理信息大会在中国浙江省莫干山举办，发布测绘地理领域信息共享的《莫干山宣言》。

物理学领域　　公元前6世纪，希腊的泰勒斯发现琥珀摩擦生电和磁石吸铁现象。公元前5世纪，希腊的德谟克利特完成古代原子论，认为万物是由大小和质量不同、运动不息的原子组成。公元前4世纪，中国的墨翟发现小孔成像。公元前3世纪，希腊的阿基米德发现杠杆原理和浮力定律，发明阿基米德螺旋。公元前2世纪，中国的刘安撰写《淮南子》，记载用冰作透镜，用反射镜作潜望镜。1590年，意大利的伽利略作自由落体等一系列科学实验。1620年，荷兰的斯涅尔发现光的折射定律。1666年，英国的牛顿提出万有引力定律。1676年，丹麦的罗默利用木卫掩食测光速。1785年，法国的库仑实验确定电荷间相互作用的定律，奠定了静电学的基础。1831年，英国的法拉第发现电磁感应现象。1850年，英国的赫姆霍芝提出了能量守恒定律。1887年，德国的赫兹发现电磁波和光电效应。1900年，德国普朗克根据卢梅尔等的空腔辐射实验，提出量子假说。1905年，瑞士科学家爱因斯坦创立狭义相对论。1915年，爱因斯坦完成广义相对论。1932年，美国的安德森在宇宙射线中发现正电子。1932年，英国的查德威克发现中子。1938年，德国的哈恩、施特拉斯曼用中子轰击铀而发现了铀的裂变。1939年，奥地利的迈特纳、弗立施提出核裂变会释放大量的能量。1955年，美国的西格雷与张伯伦等发现反质子。1956年，李政道、杨振宁提出弱相互作用中宇宙不守恒的理论。1957年，巴丁、施里弗和库珀发表超导微观理论（即BCS理论）。1959年，王淦昌、王祝翔、丁大利等发现反西格马负超子。1971年，美国的凯汀和海弗尔携带原子钟环绕地球飞行80小时，证明了时间的相对性。1980年，德国克利青发现量子霍尔效应。1983年，鲁比亚和范德梅尔等人在欧洲核子研究中心发现W±和Z0粒子。1997年，中国潘建伟和奥地利塞林格发表《实验量子隐形传态》，阐述了量子纠缠原理。2016年，欧洲大型强子对撞机在英国完成升级启动，获得了海量的高能数据。

伟大科学家爱因斯坦

数学领域 公元前2100年，美索不达米亚人发明六十进位制、乘法表。公元前2000年，埃及人发明十进制、整数和分数计算法、三角形和圆面积计算法、正方角锥体和锥台体积计算法。公元前1950年，巴比伦人能解两个变量的一次和二次方程。公元前6世纪，希腊的毕达哥拉斯证明了勾股定理，发现了无理数。公元前6世纪，印度人计算出2的平方根为1.4142156。公元前462年，希腊的巴门尼德、芝诺等埃利亚学派提出了飞矢不动等

希腊欧几里得所著《几何原本》

有关时间、空间和数的芝诺悖论。公元前3世纪,希腊欧几里得发表《几何原本》13卷。100年,希腊尼寇马写作《算术引论》一书,此后算术开始成为独立学科。3世纪,中国魏晋时期的刘徽提出割圆术,得圆周率为3.142。5世纪,中国南北朝的祖冲之算出圆周率的值到小数点后第七位,比西方人早1000多年。9世纪,阿拉伯花剌子模发表《印度计数算法》,使西欧人熟悉了十进位制。11世纪,阿拉伯卡牙姆完成系统研究三次方程的书《代数学》。1202年,意大利斐波那契发表《计算之书》,把印度—阿拉伯计数法介绍到西方。14世纪中前叶,中国开始应用珠算盘。1635年,意大利卡瓦列利发表《不可分连续量的几何学》,用不可分量制定了一种简单的微积分。1638年,意大利伽利略发表《关于两种新科学的数学证明的论说》,研究距离、速度和加速度之间的关系,提出了无穷集合的概念。1677年,德国的莱布尼兹发明微积分。1788年,法国拉格朗日出版《解析力学》,把新发展的解析法应用于质点和刚体力学。1959年,中国华罗庚、王元创造用代数数论方法研究多重积分近似计算的新方法。1973年,中国陈景润把数论领域的"哥德巴赫猜想"证明大大推进了一步,被称为"陈氏定理"。

生物学、医学和化学领域 公元前258年,希腊埃拉西斯特拉托最早从事比较解剖学和病理解剖学。2世纪,中国汉末时期的华佗发明麻醉剂——麻沸散,用于外科手术。8世纪,阿拉伯的阿尔·拉兹写成《医学集成》,被后人认为是医疗化学的先驱。9世纪,中国唐朝的炼丹士发明了火药,这是化学能转化为热能的重大发现。10世纪,阿拉伯的伊本·西拿写成《医学经典》,对以后6个世纪影响很深。1596年,中国明代

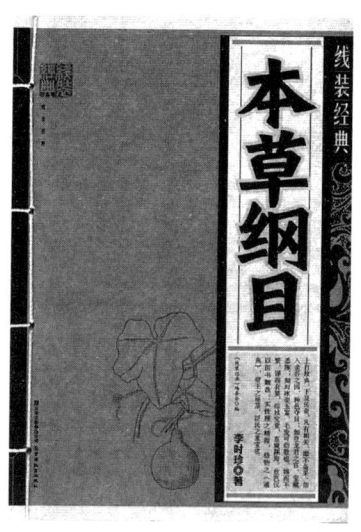

李时珍所著《本草纲目》

李时珍的《本草纲目》出版，记有药物1892种。1616年，英国医学家哈维公布了自己所发现的血液循环理论。1661年，意大利科学家马尔比基在显微镜下观察到毛细血管的存在，正是这些肉眼看不见的微小血管，把动脉和静脉连接起来，形成一个"可循环的管道"。1780年，意大利伽伐尼发现蛙腿肌肉收缩现象，认为是动物电所致。1796年，英国的爱德华·琴纳发现牛痘疫苗，攻破了天花这一烈性传染病。1808年，英国的道尔顿提出化学原子论。1861年，奥地利遗传学家格雷戈尔·孟德尔提出了生物的性状是由遗传因子控制的观点。1869年，俄国的门捷列耶夫发表元素周期表。1859年，英国的达尔文发表《物种起源》，提出生物进化论。1903年，美国的摩尔根通过果蝇的遗传实验，认识到染色体是遗传基因载体。1950年，英国的沃森和美国的克里克发现DNA双螺旋结构。1994年，中国科学院曾邦哲提出系统遗传学基因组逻辑结构及程序化表达。1996年，英国的伊恩·维尔穆特研究团队从一个绵羊乳腺细胞成功克隆出小羊"多利"。2001年，美、中、日、德、法、英六国科学家联合公布人类基因组图谱DNA序列图。

工程和实用技术领域　公元前1200年，中国殷商青铜（铜锡合金）冶铸技术已达到成熟阶段。公元前770年，中国已会铸铁。公元前5世纪，中国的《周礼》中记载了用金属凹面镜从太阳取火的方法。1世纪，希腊希龙发明蒸汽旋转器和热空气推动的转动机，这是蒸汽涡轮机和热气涡轮机的萌芽。105年，中国东汉蔡伦改进了造纸术。132年，中国东汉张衡发明世界上第一个测量地震的仪器——地动仪。544年，中国北魏贾思勰著《齐民要术》，在世界农学史上占有重要地位。690年，中国唐朝刻版印刷术成熟。8世纪，阿拉伯炼金术获得发展，制出了硫酸、硝酸、王水等。904年，中国唐朝炼丹士发明火药。1041年，中国北宋毕昇发明活字印刷术，奠定了现代印刷术的基础。1093年，中国宋代沈括写成《梦溪笔谈》一书。1231年，中国宋朝发明"震天雷"，是火炮的雏形。1500年，意大利达·芬奇设计了风力计、湿度计、降落伞、纺纱机、踏动车床等草图。1637年，中国明朝宋应星完成著作《天工开物》。1745年，荷兰莱顿大学马森布罗克发明莱顿瓶（最初的电容器）。1750年，美国的富兰克林发明避雷针。1769年，英国的瓦特在前人发明的基础上试制成功了第一台蒸汽机。1775年，意大利伏打发明起电盘。18世纪，英国的约翰·丝米顿发明混凝土，引起建筑技术革命。1831年，英国的法拉第发明了圆盘发电机，人类开始进入电力时代。1885年，德国的本茨发明了汽油内燃汽车。1945年，美国试验爆炸第一颗原子弹。1971年，美国Intel公司制成微处理器，标志着计算机智能革命开始。2006年，美国研制出世界上最小的发电机——纳米发电机。2016年，中国研制出每秒14亿亿次的"神威·太湖之光"超级计算机。2020年，日本研制出每秒41亿亿次的"富岳"超级计算机，其运算速度为世界第一。2021年，中国研发出新的量子计算原型机"九章二号"，在求解高斯玻色取样数学问题上比目前全球最快的超级计算机更胜一筹。

法拉第发明的圆盘发电机

这些科技文明之光，构成了色彩斑斓的人类科技历史长廊。它告诉我们，科技进步是一个永无止境的过程，人类科学技术发展是一个从多层次、多维度、多角度和多尺度不断破解自然之谜的过程。科技文明是伴随物质文明、社会文明、精神文明一起成长起来的,科技文明的发展,又反作用于物质文明、社会文明、精神文明的发展,推动着社会整体文明的进步。

第四节　中华文明源远流长

中华文明源远流长，恢宏壮阔，博大精深。从伏羲演八卦、神农尝百草，到仓颉造字、尧舜礼制；从皋陶刑典、大禹治水，到成汤伐桀、秦汉一统。中华文明一直为中国人民引以为豪，一直为世界人民所羡慕。中华文明的复苏是地球文明复苏的代表。

我们在前面已有论及，世界四大文明古国中，古巴比伦文明、古埃及文明、古印度文明都因为某种原因遭到中断或破坏，唯有中华文明顽强地延续下来，一直没有中断。

现在，就让我们打开历史的时光轴，来回望中华文明复苏的大致链条，来领略一下中华文明发展的沿途风光吧。

中华文明的发端是"三皇""五帝"。"三皇"指燧人氏、伏羲氏、神农氏。燧人氏是中国远古时代的至尊始祖，最突出的

天皇燧人氏

贡献是钻木取火，开创了中国火文明，列为"三皇"之首，被称为"天皇"。伏羲氏是中华民族的人文始祖和发明始祖，他创造了占卜八卦、符文记事，结束了"结绳记事"的历史，被称为"人皇"。神农氏是中华民族的教化始祖和医药始祖，他教百姓农耕生产，遍尝百草医治百病，又作乐器让百姓懂得礼仪，被称为"地皇"。其实，像燧人、伏羲、神农这样的"三皇"并不是指真正的三个帝王，而是在中国远古历史上为人类作出过重大贡献的若干代部落首领的统称。他们的突出代表被后人奉为"天皇""人皇""地皇"，具体的存续年代无从考证，与人类史前文明也无法区分。也就是说，"三皇"文明与史前文明是一个无缝衔接的过程。

与"三皇"不同的是，"五帝"作为中国古代部落或者部落联盟的首领，是在中国历史上有据可查且有大作为的伟大人物。在5000—8000年前，黄河流域中下游一带的华山与夏水之间分布着许多部落。比较重要的五个部落分别是：东方太昊部落、南方炎帝部落、中央黄帝部落、西方少昊部落、北方颛顼部落。其中最有势力的是南方炎帝部落和中央黄帝部落，他们在中原为争夺部落联盟首领位置而爆发了阪泉之战，炎帝部落战败，并入黄帝部落。炎、黄两部落融为一体。现在我们经常自称的"华夏儿女""炎黄子孙"的称谓就是由此而来。

五个部落之后，又有帝喾、尧帝、虞舜、夏禹等首领。因此，后人就把最有代表性的黄帝、颛顼、帝喾、尧帝、虞舜尊为"五帝"，黄帝被尊为"五帝"之首，华夏始祖。尧帝把联盟首领位置让于虞舜，虞舜又传位给大禹，大禹作为夏氏部落首领，当了中原各部落之共主，夏朝成为中国的第一个奴隶制王朝。

为了对中华文明发展的脉络有一个较为具体的了解，我在这里对中国历朝历代大体情况及文明特征加以概述。

夏朝（约公元前2070年—前1600年）：结束部落纷争的状态，建立中国历史上第一个以"天下共主"为最高统治者的奴隶制王朝，以王位的家族世袭制取代禅让制。"天下为家",王权、族权、神权"三位一体",开上古王朝政治文明的先河。

商朝(约公元前1600年—前1046年):以相当成熟的甲骨文体系和灿烂夺目的青铜文化著称于世,由此,中华文明的特色凸显,自成一格,别具异彩。但到商朝末年,帝乙、帝辛(纣王)穷兵黩武,生活腐化,各诸侯国与商王朝之间的矛盾空前激化,加速了商朝的灭亡。

夏禹像

西周(约公元前1046年—前771年):实行分封制和宗法制,封邦建国,家国同构,制礼作乐。鉴于夏商覆亡的教训,周人惊呼"惟命不于常","天命靡常",开始对天、上帝的信仰发生了怀疑、动摇。总结出夏商"失德而亡"的历史教训,首倡"明德""慎罚""保民"的思想,创立了垂范华夏两三千年、影响远播海内外的中华礼乐文明。

东周(春秋战国时期,公元前770年—前256年):从公元前770年始,诸侯争相称霸,称为春秋时代。公元前453年,韩赵魏三家联手灭智氏家族后,三家分晋,各诸侯相互征伐,称为战国时代。东周共传25王,历时515年。这一时期是中国的社会制度大转变的时期。春秋时共有140多诸侯国,各个诸侯国之间互相攻伐和兼并,强大的诸侯便自居霸主,所以这一时期我们通常统称为春秋战国时期。春秋战国时期,出现了中国历史上第一次波澜壮阔的思想解放运动,形成了诸子百家"百家争鸣"的繁荣局面。有儒家、道家、阴阳家、法家、名家、墨家、纵横家、杂家、农家、小说家等。其中最著名的是道、儒、墨、法四大家。诸子百家的出现,促进了思想、史学、文学、艺术的大发展,成为中国传统文化的丰沛源泉。

秦朝(前221年—前207年):秦朝是由战国时期的秦国发展起来的中

国历史上第一个大一统王朝。公元前361年,秦孝公继位,商鞅变法,使秦国成为战国后期最富强的诸侯国。秦王嬴政先后灭韩、赵、魏、楚、燕、齐国,完成统一大业。公元前221年,秦王政称帝,史称"秦始皇"。秦朝中央设三公九卿,管理国家大事;废除地方分封制,

秦始皇像

代以郡县制;实行书同文、车同轨,统一度量衡。中央集权制度的建立,奠定中国2000余年政治制度基本格局,奠定中国大一统王朝的统治基础,对中国历史产生了深远影响。

汉朝（前202年—220年）：汉朝是继秦朝之后的大一统王朝,主要分为西汉、东汉时期,共历29帝,历时405年。公元前202年,经楚汉之争,刘邦推翻秦朝称帝建立汉朝,定都长安,史称西汉。汉文帝、汉景帝推行休养生息国策,开创"文景之治"。8年,王莽篡政,西汉灭亡。25年,刘秀称帝,延续"汉"的国号,史称东汉。184年爆发黄巾起义。220年,曹丕篡汉,东汉灭亡,中国进入三国时期。汉朝和大约同时期的罗马帝国并列为当时世界上两大强国。华夏族自汉朝以后改称为汉族。

魏晋南北朝（220—589年）：魏晋南北朝是中国历史上政权更迭最频繁的时期,主要分为魏朝（三国）、西晋、东晋和南北朝时期。三国（220—280年）主要有曹魏、蜀汉及孙吴三个政权。晋朝分为西晋（265—316年）与东晋（317—420年）。南北朝（420—589年）中的南朝包含宋、齐、梁、陈四朝,北朝包含北魏、东魏、西魏、北齐和北周五朝。魏晋南北朝时期的政治、经济具有开放性和包容性的特点,突出表现为玄学的兴起、佛教的输入、道教的勃兴及波斯、希腊文化的影响。

隋朝（581—618年）：隋朝是中国历史上承上启下的朝代。581年,杨坚取代北周王,改国号为"隋",定都大兴城（今西安）。隋文帝时结束了

自西晋以来近300年的南北分裂局面。604年,隋炀帝杨广即位后迁都洛阳,修建了贯通南北的大运河,经济上实行均田制。618年,李渊逼隋恭帝禅让,建立唐朝,称唐高祖。

唐朝(618—907年):唐朝是中国历史上最负盛名的大一统中原王朝,共历21帝,历时289年。唐太宗继位后开创贞观之治,为盛唐奠定基础。唐高宗开创永徽之治,唐玄宗开创开元盛世。唐朝是当时世界上最强盛的国家之一。疆域辽阔,极盛时东起日本海,南据安南,西抵咸海,北逾贝加尔湖,是中国自秦以来第一个未修拒胡长城的大一统王朝。声名远播,万国来朝,朝贡之国有300余个。

五代十国(907—979年):五代十国是中国历史上的一段大分裂时期。五代是指907年唐朝灭亡后依次定都于中原地区的五个朝代。唐末、五代及宋初,中原地区之外存在过许多割据政权,其中十个有代表性的割据政权被史学家统称为十国。

宋朝(960—1279年):宋朝分北宋和南宋两个阶段,共历18帝,历时319年。960年,赵匡胤建立宋朝,建都开封,加强了中央集权,逐渐步入治世。1125年,金国南侵,导致靖康之耻,北宋灭亡。康王赵构于南京即位,建立了南宋。1235年,蒙古南侵,至1276年南宋灭亡。宋朝是中国历史上商品经济、文化教育、科学技术高度繁荣的时代,经济总量为世界第一,民间富庶程度甚至超过盛唐。

元朝(1271—1368年):元朝是中国历史上首次由少数民族建立的大一统王朝,传5世11帝,从1206年成吉思汗建立蒙古政权开始共162年,从忽必烈定都北京改国号元开始历时98年。忽必烈于1271年改国号为"大元",之后持续对外扩张,使元蒙帝国称霸欧亚大陆。疆域北至北海,东到

成吉思汗塑像

日本海，西抵黑海和地中海。西藏和台湾被纳入中国版图。但在出海征伐日本和东南亚诸国时失利。元朝大力推行汉化运动，实行"以儒治国"政策，文化出现了繁荣。

明朝（1368—1644年）：明朝是中国历史上继汉唐之后较强盛的封建王朝。初期建都南京，明成祖时定都北京。共传16帝，计276年。朱元璋于1368年称帝改国号为大明，定都于南京。1420年，朱棣迁都至北京。明初历经洪武之治、永乐盛世、仁宣之治等治世，国力强盛。1644年，李自成率农民起义军攻入北京，崇祯帝自缢，明朝灭亡。明代疆域东北抵日本海、外兴安岭，北达阴山，西至新疆哈密，西南临孟加拉湾。明成祖派遣宦官郑和前后七次出使西洋，到达亚非30多个国家和地区。

清朝（1636—1912年）：清朝是中国历史上最后一个封建王朝，共传12帝。1616年，努尔哈赤建立后金政权，不断向南扩张。1636年，皇太极改国号为大清。1644年，驻守山海关的明将吴三桂降清，多尔衮率领清兵入关，定都北平（北京）。至1659年平定大顺、大西、南明等政权。后又平定三藩之乱，掌控全国。清朝康熙、雍正、乾隆三朝走向鼎盛。1840年，鸦片战争爆发，后遭多国列强入侵，国力衰微。1912年2月12日，北洋大臣袁世凯逼迫清帝溥仪逊位，清朝从此结束。

中华民国（1912—1949年）：它是亚洲第一个共和制国家。1911年辛亥革命爆发后，推举孙中山为临时大总统。1912年1月，中华民国成立，以袁世凯为首的北洋军阀窃取政权。1924年1月，孙中山南下广州，召开国民党第一次代表大会，提出三民主义（即民族主义、民权主义和民生主义），实行联俄、联共、扶助农工的三大政策。宣布废除清政府及军阀政府同帝国主义订立的一切不平等条约。1928年，蒋介石成为继孙中山之后的国民党领袖。1949年，以毛泽东为首的中国共产党及其军队经过28年国内革命战争和抗日战争的浴血奋斗，推翻国民党统治，蒋介石逃往台湾，中华民国结束。当年10月1日，中华人民共和国成立，中国历史从此进入一个全新时代。

从以上中国历史发展进程可以看出，中华文明是在大一统的背景下形成和发展的。中华自夏朝以后约4000年间，虽有纷争和分裂的时候，但以统一和兴盛为常态，以分裂和衰落为非常态。即使在分裂时代，大家也是把追求统一作为最重要的奋斗目标，大一统的意识在中华民族心中根深蒂固。中国几千年历史虽出现多次的改朝换代，但治理理念和文化传统没有丢，注重德治和教化一直是统治者的信条。中国政治文化的中心虽有过多次迁移，但中华文明发展一直没有间断和转移，中华民族作为一个整体一直繁衍生息在欧亚大陆东部这块广袤的大地上。

中华文明之所以能够一脉相承、绵延不断，成为世界四大文明古国中唯一没有中断的文明，主要有以下几个因素：

一是自然条件。中国在地理位置上南部多山，西面沙漠，东临大海，北有草原，具有一定的封闭性，决定了中华文明具有本土性和独立性。中华文明的核心区域产生于黄河中下游地区，土地肥沃，物产丰富，为中华文明的发展提供了物质条件，也为抵御外族入侵提供了战略纵深空间。

二是政治条件。自秦朝以来，中国就建立了中央集权专制统治。这种政体能够明显提高治理决策效率，国家可以动员全国力量统一调配资源、应对重大自然灾害、抵御外敌入侵。在政治上一直具有较强的优越感，形成了独特的"天下观"，很长时期，都处于"万国来朝"的中心。在制度上和文化上具有较强的兼容性和包容性，即使有外族入侵甚至占统治地位，也能够包容和同化他们，不至于使自己的文明丧失或中断。

三是经济条件。中国古代发达的农业经济促进了工商业的发展，四大发明促进了科技水平提高，丝绸之路促进了同外界互通有无，科举制度促进了人才发现与培养。经济发展从根本上奠定了中华文明的经济基础。从古代一直到清朝，中国的生产能力和经济总量都雄居世界第一。

四是文化因素。中华文明以礼乐制度、易经八卦、汉字经书、汉语韵律为标志，而最能体现中华文明特征的汉语言文字，从甲骨文开始，形、音、意相统一，一脉相承，长久不衰，对延续传播中华文明起到了重要作用。中华文明所特有的人文传统，如仁义礼智信、拥主爱民、和为贵等思想，一直受到广泛认同。

中华文明集上下数千年的历史积淀，经过长期反复淬炼凝结，经历数不清的磨难而保留下来，它根植于中国的传统文化，又吸纳各国文明的优秀成果熔铸而成。中华文明源远流长，博大精深，为世人所仰慕。1974年，美国总统尼克松访华时，深有感触地说："毛泽东主席的书房既没有爱丽舍宫的辉煌，也没有克里姆林宫的威严，但从地板一直堆到天花板的书仿佛要把我压垮。我知道，这是中国五千年文化的浓缩。"

第六章
地球文明发展的困惑

地球文明在长期的发展过程中，走过了一段蜿蜒曲折之路，得到了长足的发展，获取了大量的经验，也接受了不少教训。但是，人类最近500年来特别是进入19世纪以来，由于受到西方世界观、价值观、道德观的影响，文明路径受到了前所未有的质疑和挑战，旧的矛盾没有解决，新的矛盾又不断积累。特别是在当今国际秩序失衡下的战争威胁、自然灾害、能源危机、恐怖主义及精神文明发展滞后等自然与人为的灾难性难题，都给地球文明以警示。人类在政治架构、经济模式、文化差异、宗教冲突、人与自然关系、人对自身生命认识等方面，已呈现出越来越多的不协调、不和谐因素。地球文明正面临前所未有的困境，人类正面临前所未有的生死攸关的考验。

第一节　自私与扩张

人生来就是自私的。这话好像对，但仔细一想，又不完全对。在原始社会，人们是不自私的。那时，生产工具极为简陋，面对严酷的生存环境，靠个人单独劳动无法生存。人们必须互相照顾，共同劳动，共同占有和分享劳动成果。一切都属公有，没有私产，甚至每个个人都是共同体的一个部分，不能独立。那时，自私给人们带来的不是利益而是死亡，生存条件决定了人们不能自私。所以，自私不是人类的天性，而是社会历史的产物。自私的心理和行为根源于私有制。当物质有了盈余但又没有到极大丰富的时候，当人们以私有者身份相互对待的时候，人们就会考虑各自的利益，自私就产生了，而且是一发不可收拾。不自私不是"性本善"，自私也不是"性本恶"，而是物质条件决定的一定社会关系的反映。

即使是在同一社会历史条件下，东西方文明对"自私"的价值认同也是不一样的。西方文明中，更多强调的是人性自由、个人满足，它不可避免地会导致人与人之间的争夺和占有。西方文明把人的自私看作天经地义、理所当然的事情。最有代表性的是英国演化理论学者、牛津大学教授理查德·道金斯（Richard Dawkins）总结归纳出的一个观点。他写了一本书叫《自私的基因》，这本书首次出版于1976年，影响巨大，作者被推选为英国皇家科学院院士。他在这本书中以生物学研究上的进展及自己的理解为基础，将生物进化的单元确定于基因，并结合伦理学，说明基因的基本特性就是"自私"，从而得出了"人生来就是自私的"结论。道金斯认为，基因为了达到生存目的会不择手段。比如，动物照料它的后代，从生物个体的角度来看，这好像是一种利他行为。但基因控制着这种动物通过照料后代这种利他行为完成自身的复制，其实质是基因自私的结果。基因唯一感兴趣的就是不断复制自身，以便在进化过程中争取最大限度地生存和扩张。"自私的基因"的观点同样能说明很多生物具有竞争性和争斗性，竞争性和争斗性就是自私的基因在作祟。这种基因的自私行为当然就可以很合理地解释人类数千年以来为什么一直处于竞争和争斗中，一切的原因都归结于基因的"自私"。

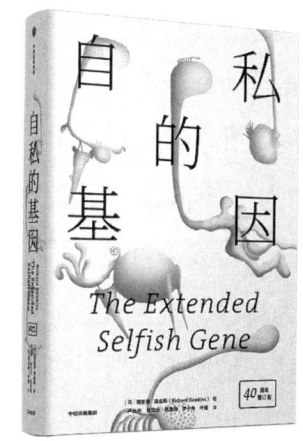

理查德·道金斯所著
《自私的基因》

在以中华文明为代表的东方文明中，"自私"一词从思想到行为都一直是不被人们首肯的，是一个贬义词。有人提出异议，说中国古代不是有一个成语叫"人不为己，天诛地灭"吗？在20世纪六七十年代广为传唱的京剧《红灯记》中，日本宪兵队鸠山队长还用这个成语来劝共产党员李玉和投降。在鸠山看来，人人都是为自己着想的，不为自己着想的人被天地所不容。殊不知，这其实是大大曲解了"人不为己，天诛地灭"的本意了。这个成语，最早的出处是佛教《十善业道经》。这是一部劝化人们修行的经书，原文"人生为己，天经地义，人不为己，天诛地灭"。这里的

"为",念作wéi,是"修养,修为"的意思。意思是,人要修为自己,这是理所应当的;人如果不修为自己,那么就会为天地所不容。与之相印证的是孔子《论语》中有"古之学者为己,今之学者为人"的名言。这里的"为",读阳平,也是磨炼、修为的意思。意思是说古人学习是为了修为自己,今人学习是为了在别人跟前卖弄。现在有人不仅把本来"人如果不修为自己,就会被天地所不容"的意思改换成"人要是不为自己着想,就会被天地所不容",并且用它来为自己的自私自利辩护。

自私的极限是贪婪。贪婪从来就是为东西方文明都不齿的行为。有一则西方寓言,叫《渔夫的故事》,讲的是有一天渔夫出海打鱼,什么也没有打着,最后打上来一条小金鱼,没想到这条金鱼会说话,它央求渔夫只要放了自己,就能满足渔夫的愿望。善良的渔夫没有提出任何回报要求,就把它放了。回家后,渔夫对妻子说起了今天的奇遇。妻子听后,一边责骂渔夫傻,一边要他明天向金鱼提出要求,把家里的破木盆换成新的。第二天金鱼满足了渔夫的要求。渔夫的妻子却不知满足,越来越贪婪,换了房子,换了宫殿,做了女皇还不够,还想当海上的女霸王。最后,金鱼收走了对他家所有的馈赠,渔夫的妻子又回到了当初的破木屋里,身边还是那个破木盆。中国自古以来讽刺鞭挞贪婪的寓言故事更是不少。可是,不知从什么时候起,人类的私欲越来越膨胀,最为突出的表现就是贪婪,贪婪地索取金钱、名利、权力,无休止地扩张,无穷尽地占有,不惜为此挖

渔夫的故事

空心思，绞尽脑汁。

当然，作为自然人，有生老病死的更替，有衣食住行的需求，有七情六欲的追求，还有被爱、被尊重、被拥戴、实现社会价值的精神需求。满足自己的刚性需求是生命的本能，也是社会发展的需要。但作为独立个体的人，实现满足自我的物质与精神需求不是无限的，而是有限的。因为人的肉体需求是有限的，比如你有吃饭的需求，但太多你就吃不下，太少又吃不饱，因为你的有限肉体决定了你的一顿饭的正常值。那么人实现物质与精神需求的正常值和合理度在哪里？是在被众人普遍认可的价值观和道德规范里，是在社会与自然所允许的承载能力和额度里。人如果追求实现适度的物质与精神需求，这很正常。人若放纵自己的欲望，无限度地扩张自己的欲望就是贪婪。推而广之，作为集群人的社会团体，作为一定地域范围内的人群以共同体形式所组成的有政治自治权的国家，也要受到正常值和合理度的限制。

人类的欲望应当得到控制，这本来就是自古以来人类社会的主流共识。但在西方文艺复兴和启蒙运动后，在自由高于一切的口号下，人类的欲望在很大程度上失去了控制。我国学者刘仰总结了西方文明的三个特征：一是以基督教为代表的一神教。基督教认为耶稣基督是宇宙间唯一的神，是至高无上统治一切的，基督教义代表了神的旨意，可以凌驾一切。二是个人主义。它强调个人自由、个性至上、天赋人权，导致个人欲望膨胀。三是以追求物质财富为首要目标。为了达到目的可以不择手段，甚至恃强凌弱。①

西方文明这三个特征之间有其内在联系。这些特征直到现在还在主导着西方国家的行为，给当今地球文明的发展带来种种难以化解的困局。

西方社会的基本价值观是个人主义。个人至上原则牢不可破，使得每

---

① 参见刘仰：《中国没有榜样》，人民日报出版社2009年版，第34页。

个个人的要求、主张都具有不容置疑的合法性（违法的个人要求除外）。西方社会从一个孩子开始，就培养争强好胜，功成名就的榜样几乎清一色都是个人奋斗英雄。各种各样的媒体和教育导向，都在不断刺激着人们的欲望。一个人终其一生，都在这种被刺激的欲望中生活。对他们来说，个人欲望得不到满足是一个人最大的痛苦。这种个人主义带来一个最简单的问题：个人的欲望总是超过个人创造财富、获得满足欲望的能力，社会整体的欲望总是超过社会整体创造财富和获得满足欲望的能力。怎么解决这个问题？在国家主权和民主意愿的共同作用下，西方社会解决这个问题的办法只有向外扩张。事实上，西方社会在个人主义至上的基本价值观主导下，一直在不断地占有、扩张。

西方列强过去的扩张形式主要有三种。第一种扩张是领土占有。欧洲近代史早期的霸主，采取的都是这种方式，如西班牙对美洲金银的疯狂抢劫，大英帝国在世界各地强占殖民地。第二种扩张是奴役一部分人。西方历史上先后出现的强国，很多都是采用这种方式，如贩卖奴隶和奴役土著居民。第三种扩张是争夺财富的战争。从进入资本主义社会以来，国与国之间，为争夺财富所发起的大大小小的战争连绵不断。每一次战争的结果，其实就是财富的转移。

在第二次世界大战以前，西方文明的弊端就已经表现得非常明显了。随着西方文明扩展到全世界，它的危害也日益显露，既伤害了世界，也伤害了西方社会。第二次世界大战以后，西方社会多少吸取了一些经验教训，改变了扩张的方式。

一是培植代理人。他们在目标国扶持一个亲自己的执政者，制造有利于自己获取利益的制度环境。如美国当年扶持伊朗国王巴列维，在数十年间获取了伊朗大量石油供应以及在中东的战略存在。又如美国在阿富汗、伊拉克等地的做法，以"普世价值"、反恐怖主义等名义推行有利于自己的制度，以获取自己的利益。

二是经济殖民化。如：通过跨国公司或其他投资组织进驻外国，以合资或其他方式进驻该国品牌企业，逐步制约并最终取代进驻国品牌。利用联盟或其他方式压制打击该国企业，挤占市场。迫使该国逐渐失去科技、经济乃至政治自主权。

三是打金融战。与硝烟弥漫的热战相比，金融战争在新形势下更具效率和杀伤力。苏联卢布怎样在一夜之间一落千丈？日本为何进入"倒退的二十年"？这些国家衰荣的背后，几乎都能看到国际金融资本势力的身影。例如，美国经常利用金融手段打压对手，通过金融博弈翻云覆雨，诱发经济危机，控制资金流向，实现其掠夺财富、巩固霸权的目的。

四是文化渗透。文化渗透是指西方国家以传媒、文化产品等为载体，向别国推行自己的文化和价值观念，从而达到既取得经济效益，又从文化、思想上同化其他国家的目的。他们在理论层次上推行以西方个人主义为核心的各种人文、哲学、社会科学理论，宣扬西方的社会制度和世界观。他们在大众文化层次上通过各种媒体传播它们的文化，如通过电影、电视、广播、国际互联网、书籍、刊物、广告等载体推销其价值观念、意识形态和生活方式。例如，文化产品是美国最大的出口产品，每年的出口额有600多亿美元，甚至超过航天航空和电子产品的出口额。

问题是，西方国家这种个人主义导向的文明模式，实际上是在告示全世界：一个主权国家在扩张中得到生存和发展是合理的，无可非议的。这样，就出现了一个自我矛盾的现象，最先采用扩张模式的西方国家，不仅总是认为自己的模式是最好的、最正确的、最合理的，并且不遗余力地要求他国接受这种模式。但是，它们又不喜欢别的国家扩张，而且极力压制别的国家强大。于是，国家就在这种扩张与反扩张的拉锯战中此消彼长，恶性竞争。结果，只能使地球自然资源迅速地、大规模地遭到开采和破坏。其中，相当大一部分是不可再生的自然资源，就连原本可再生的自然资源。例如，森林、淡水等，在过度膨胀的扩张欲望中也渐渐失去了再生能力，出现了难以逆转的竭泽而渔的局面。人类只有一个地球，如果西方的文明发展模式成为整个地球的唯一模式，那么地球承载得了人类的这种扩张吗？人类唯一可以扩张的空间，只有地球上的可再生资源。然而，西方文明模式正在毁灭这一再生能力。

为了满足更多的欲望，西方社会又翻新他们的发明。他们觉得向空间扩张的路走不下了，就向时间扩张，向未来扩张。其表现形式就是贷款消费和发行外债。贷款消费就是允许本国公民通过大量贷款来透支自己的未来财富。发行外债就是向别国发售债券，借别国的钱用于本国消费，这实际上也是在透支本国的未来财富。透支未来财富而向别国大规模举债，实际上也是一种对外扩张。这种扩张与直接掠夺相比，差别只在于一点：直接掠夺改变了财富的所有权，而国家对外举债则是名义上保留了别国的所有权，实际上也是把别人的财富据为己有。透支未来总有难以为继的时候，因此，这种扩张模式终究是不可持续的。

中国在西方国家的这种不得不扩张、永远需扩张的所谓"文明"模式背景下，也面临着两难的困惑。

一方面，中国理应积极加入西方主导的世界经济一体化进程中。中国必须强大自己，才能争取在这个世界上有话语权。

另一方面，中华民族文明不赞同甚至摈弃无休止的扩张。中华民族文明传统骨子里的仁爱、包容、友善、公平的思想，决定了中国不认同无休止的扩张。中国人对待财富的态度是"君子爱财，取之有道"，中国人发自内心的道德感，使我们不愿意用野蛮和不平等的方式去对待他人。然而，中国这一从人类道德原则出发的准则，并不能阻止西方进行扩张的野蛮行径，也不能阻止西方不断找借口指责和压制中国。

这就是地球文明所面临的困惑之一，突出地表现为欧美所代表的西方文明和中国所代表的东方文明既共存又碰撞。它将形成世界两大文明持续长久冲突的局面。

第二节　战争与博弈

战争是人类有组织的自相残杀，是欲望膨胀的外在表现，是以暴力实现占有欲的极端状态，是低级文明社会的特征。随着人类文明的不断进步，战争最终消亡。所以战争是地球文明的阶段性现象。

人类有战争记录的历史还不到一万年。原始社会的战争，一般都是为了争夺赖以生存的土地、河流、山林等天然资源，或者为了抢婚、种族复仇而发生冲突，进而演变成战争。随着生产力的发展，产品有了剩余，出现了主人和奴隶，产生了私有制和阶级，古代部落之间的原始战争演变成了掠夺奴隶、抢劫财富、占有土地和资源的战争，规模逐渐升级，样式不断增加，而且变为一种人类社会发展中不可避免、司空见惯的现象。

据粗略统计，从公元前3200年到公元2000年，在5000多年的时间里，世界上共发生过约14500次战争，其间只有329年是和平的。仅20世纪，大的战争就有15次之多。例如，1904—1905年，日俄战争；1911—1912年，意土战争；1912—1913年，巴尔干战争；1914—1918年，第一次世界大战；1939—1945年，第二次世界大战；1947—1950年，中国人民解放战争；1947—1972年，印巴战争；1948—1973年，中东战争；1950—1953年，朝鲜战争；1961—1975年，越南战争；1979—1989年，苏阿战争；1980—1988年，两伊战争；1982年，马岛战争；1982年，以黎战争；1991年，海湾战争。从特定的角度说，人类社会的发展史也是一部战争史。

对战争根源的看法，历来多种多样。有的人认为弱肉强食是人类的生物本性，战争是自然的、永恒的现象；有的人认为战争是人不能控制自己而遭受的惩罚，用超自然力量解释战争起因；有的人认为战争是因为资源分布不平衡、贫富发展不平衡、民族优劣不平衡引起的。

东西方文明对待战争有完全不同的价值取向。以中华文明为代表的文化认为，人要以善为本，提倡"兼爱""非攻"，能够用和平方式解决的问题，决不会选择用战争的方式去解决。而西方文明则以自我为中心，为求目的不择手段，甚至动用战争手段也在所不惜。

事实上，最近500年来，西方列强发动的战争，没有一次不是为了利益和财富。他们拼命改进武器，增强征服对方的能力。在长期的冲突中形成了"武器先进者胜"的规则，而且强迫世界上其他国家都被动接受"落后就要挨打"的现实。这就是西方国家不断进行战争和挑起冲突的最根本原因，同时也是造成当今世界不得安宁的最主要根源。

比如1840年英国发动的鸦片战争，英国人以开通自由贸易、保护商人经营为借口，武力进犯中国。这实际上是一次由政府用武力公开支持的贩毒行为，是一次赤裸裸的用强盗逻辑演绎的非正义战争。他们用坚船利炮强行攻入中国内河长江，直逼南京，迫使清政府割地赔款，订下了中国历史上第一个不平等条约——《南京条约》。此后，西方列强纷纷向中国伸出黑手，分一杯羹，迫使中国陆续签下了一系列丧权辱国的不平等条约，中国逐渐沦为半殖民地半封建社会。鸦片战争对于英国是一次成功的犯罪，对于中国则是一次失败的自卫。鸦片战争中，英国人表现出来的完全是蛮横无理,但他们根本就没有感到这是一场罪恶,反而认为这是对东方扩张取得的划时代的军事胜利。自那以后,西方主流文化一直默认鸦片战争所奠定的规则:武器先进者胜,落后就要挨打。这已经成为全世界通行的规则。

鸦片战争

这一规则在东方的成功不但使西方国家进一步扩军备战,使侵略和扩张合理化,而且使东方国家和其他民族不得不起而仿效。西方在近代对其他文明主体的胜利并不是自由贸易的胜利,更不是平等、自愿、公平原则的胜利,而是"武器先进者胜"规则的胜利,是非文明规则的胜利。所以,从文明的本质来说,西方人把世界带入了一个冲突更为剧烈的情境之中。①这一规则使全球范围内的矛盾和冲突更为频繁,更为常态化。短短一两百年间,不仅战争频发,进入20世纪以后,更是连续发生了空前惨烈的两次世界大战。第一次世界大战中欧洲的死亡人数超过了欧洲历史上所有战争死亡人数的总和。第二次世界大战的死亡人数更多,直接死于战争及战争相关原因的人约为7000万。日本作为仿效西方的佼佼者,迅速地应用"武器先进者胜"的规则,成为第二次世界大战的战争祸首之一。更为

---

① 参见盛洪:《为万世开太平——一个经济学家对文明问题的思考》,北京大学出版社1999年版,第35页。

严重的后果是，各国纷纷扩军备战，将大量资源和最优秀的人才投入研制新式武器、加强军备竞赛，使这个世界非常迅速地从大刀长矛的时代进入大规模杀伤性武器时代甚至核武器时代。

所以，当今世界，我们看到了一个令人困惑不解的现象：如果每个国家都把军备竞赛持续不断地进行下去，这条路的尽头一定是人类的毁灭！但这种竞赛还是在互相叫停中继续进行——总是希望别人把军备竞赛停下来，自己却不受制约。

我们来看看当今世界核武器的配置情况吧：全世界在最多的时候大约储备了3万件核武器。美国拥有1.06万件核武器，其中处于实战部署的有8150件；俄罗斯拥有1.8万件核武器，其中处于实战部署的有8400件；法国拥有大约350件核武器；英国拥有大约200件核武器；印度拥有150件；以色列拥有80件；巴基斯坦拥有60件；朝鲜拥有5—10件。[1]日本虽然没有储存成品核武器，但他们拥有核原料和随时制造核武器的能力。到如今，虽然美国和俄罗斯通过两轮削减战略武器谈判，在数量上削减了大部分核武器，但在质量和发射能力上都有所提高。例如，美国、俄罗斯等大国的核弹头、核炸弹基本都安装在陆基洲际导弹、核潜艇、远程战略轰炸机等可覆盖全球的运载工具上，基本都是建立了打击目标、编制了发射程序的实战系统。据有关部门测算，仅按处于实战部署的核武器计算，美、俄两国核武器的爆炸总当量就超过10亿吨TNT炸药。全世界所有核武器的爆炸总当量，足以给人类带来毁灭性后果。

人类历史上，战争始终存在，但是形势从来没有像现在这样严峻：一个手指头就可以毁灭世界！美国总统有一个随行的军事助理，专门保管"核按钮"。这是一个设有密码锁的手提箱，里面安装有卫星传感器和一本30页的"黑皮书"——核打击计划。世界各个具备核打击能力的国家也都

---

[1] 据参考消息网援引斯德哥尔摩国际和平研究所2009年报告资料。

配置了这样的能够随时发出核攻击或核还击指令的"核按钮"——它们处于随时可以被激发的状态！而且，核大国为了确保自己在遭到核打击时不至于丧失还击能力，除了在数量上配置了大于实际需要数倍乃至数十倍的核爆炸当量，还在发射系统上配置了可以在本国军事指挥系统被摧毁的情况下进行盲目核报复的"死手系统"。这是设置在地下岩层达百米深处的"死亡之手"控制室，只要它探测确定本国遭到毁灭性核打击，该系统就会自动开启发射装置，将核弹头倾泻到所有预定目标头上。这就意味着，谁敢挑起核战争，结局一定是同归于尽。

人类文明进步本应摒弃战争这种互相残杀的危险模式，可是，直到现在，现实中，战争的危险一天也没有减轻。而且随着经济能力的增强和科技手段的提高，一旦发生战争，战争对人类生存、对地球文明的打击将是毁灭性的。如何扭转这种局面，消除悬挂在人类头顶的达摩克利斯之剑，是地球文明发展的重大困惑之一。

在当今世界格局的发展与演化过程中，最令人关注的莫过于中美博弈。自第二次世界大战后，世界上曾一度出现苏美两国争雄、冷战的局面。苏联解体为俄罗斯等15个国家后，美国成为一强独大的国家。但是，令美国没有想到的是，中国在最近短短的三四十年间，奇迹般地追赶上来了，一举超越日本，成为世界第二大经济体。而且发展的趋势超乎人们的想象，引起了美国的恐慌。2017年初，美国总统奥巴马卸任前夕，美国科技顾问委员会向白宫提交了一份战略白皮书。该白皮书认为，中国正在大力发展的高科技产业将对美国国际地位产生威胁，美国政府应该对此作出预案。奥巴马作出指示，让委员会详细评估态势，并交由下届政府处理。这预示着中美关系发生了质变，意味着美国将会主动挑起新的中美博弈。果不其然，2018年3月，新任美国总统特朗普就签署了301调查的行政命令，揭开了贸易战的序幕。随后，特朗普政府打出"美国优先"的旗号，大搞贸易堡垒，大幅提高关税，还以知识产权、技术专利、环保达标、外贸管制等为借口对中国经贸活动进行刁难和惩罚，甚至使出专项调查、栽赃陷害、非法拘禁等卑劣手段对中国高科技企业进行打压。特朗普政府发起的贸易战看似毫无章法，乱拳出击，其实是美国一以贯之的霸权主义战略的必然表现。

美国的一贯做法是，谁逼近美国的霸主地位，就把打压的大棒打到谁的头上。1895年，美国制造委内瑞拉危机，逼迫强大的英国彻底退出拉美，之后不择手段地对经济仅居其后的德国进行打压，之后用经济和政治手段对经济实力和军事力量强悍的苏联进行肢解，之后是逼迫日本签订丧失经济自主权的"广场协议"，再之后是对最具竞争力的欧盟进行无情打压。现在轮到针对中国进行打压了。美国害怕中国发展太快，根本无法接受中国崛起的事实，必定会采取一切措施对中国加以打压。所以，中美博弈将是一个长期的、复杂的、不可避免的过程。

2021年1月，拜登继任美国总统后，延续了对华强硬政策，只是策略有所改变，战略意图变得更加隐蔽，手段更加多样化，计划设定也更加久远。美国不是把中国的和平崛起当成合作机遇，而是把中国视为第一竞争对手，想方设法打压中国，在全球掀起更大范围、更大力度的全球博弈。

中美关系发生变化后，美国挑起的中美博弈将大大升级。除了贸易战，还可能会扩展到科技战、产业战、海运战、金融战、货币战、舆论战、意识形态战，可能会找借口对偿还中国债务进行国际赖账，可能还会鼓动"台独""港独""疆独""藏独""蒙独"捣乱生事，甚至挑拨周边国家同中国发生领土领海争端，发动代理人战争，等等。

美国对中国的遏制战略不会改变，但历史不会按照美国的主观愿望前进。在这场博弈中，特朗普的贸易战没有把中国打垮，拜登的遏制战略同样也难以奏效。美国已不是冷战结束后处于巅峰状态时的美国，特别是在当前美国面临科技发展瓶颈、美元地位受到挑战、产业空心化、债务危机等国内外矛盾积累的情况下,美国要想遏制中国发展、继续称霸全球几乎是不可能的了。

在中美博弈中,中国在全世界面前展现了希望和平共处、合作共赢、包容大度的形象,无形之中让中国占领了道义的制高点。而美国展现的不依不饶和霸权主义的姿态,长远来看只会使自己的形象遭到破坏,损人而不利己。因此,这场美国挑起的中美博弈,最终将会朝着有利于中国而不是有利于美国的方向发展。美国采取的种种对别人打压和绞杀的做法,最终的结果是搬起石头砸自己的脚。

人类5000年文明史其实是一个非理性的博弈史。受文明程度较低和自私基础的影响,长期以来,人类社会盛行"弱肉强食"的丛林法则和"你输我赢"的零和博弈思维。但是,人类真的只有零和博弈吗?人类社会已进入21世纪,各国人民要求共同发展、共同繁荣已经成为时代潮流。在这种情况下,"你输我赢"的零和博弈规则和思想理念,已经与时代潮流严重相悖。正是这些规则和思想理念的盛行,才造成了许多国家之间巨大的矛盾和冲突,严重影响世界和平与发展。

面对百年未有之大变局,如何正视全球化过程中存在的问题、面临的挑战和积存的弊端,找到解决问题、迎接挑战和消除弊端的办法,这是地球文明现阶段面临的巨大困惑。

第三节　精神文明的落差

当前的世界形势让人很焦虑，世界各国无论是发达国家还是发展中国家，都被众多的问题所困扰。人们不禁要问：这个世界到底怎么了？如果仅仅从物质的角度来分析问题，认为都是经济发展不够的原因，认为只要物质丰富了，其他问题就迎刃而解，那就错了。从世界文明发展的规律分析，物质与精神是对立统一规律中的一对基本因子。如何正确认识和处理物质文明与精神文明的关系，是正确认识和处理当今世界面临许多问题的关键。恰恰在如何认识和处理物质文明与精神文明关系的问题上，人们遇到了瓶颈，面临着前所未有的困惑。

辩证唯物主义认为，物质是第一性的，精神是第二性的。物质存在是精神产生的基础，物质文明发展也是精神文明发展的基础。辩证唯物主义还认为，物质与精神是对立统一的关系，二者相互依存，相互作用，在一定的条件下相互转化。人类的劳动是在精神支配下的有意识的活动，是劳动创造了物质。因此，精神对物质具有巨大的反作用，在某些情况下还能起决定性作用。物质文明和精神文明是互相渗透、互相转化、互相促进的关系。在通常情况下，一般总是物质文明的发展带动着精神文明的发展；精神文明发展起来后，又反过来推动物质文明的发展。

现在的问题是，地球人类普遍高估了物质文明的作用，片面追求物质财富，把占有尽可能多的物质财富当作国家首要甚至唯一的目标。在这种情况下，人们自然而然看重财富的多寡，把经济发达与否作为衡量一个国家、一个政权强大与否、成功与否的唯一标志。他们在片面追求物质占有的同时忽视了精神层面的提高，造成了当今世界"强者为王""拳头就是真理"规则横行，出现了许多乱象：在世界的许多地方，代表公序良俗的公共道德失去约束力；法律和公共秩序崩溃；国家治理无力，无政府状态蔓延；犯罪集团猖獗；家庭功能弱化；信任感和社会团结下降；民族、宗教、社会组织间的暴力及武力活动盛行……①

资本主义世界经过几百年的发展，虽然对人类物质文明发展作出了重要贡献，但如今已经被自身矛盾引入困境。其固有缺陷如经济危机、金融危机、泡沫经济等各类危机层出不穷。尤其是在精神境界提升上出现位置缺失、方向不明、方法错误等问题，使资本主义制度剥削性、功利性、破坏性的弊端越来越明显地表现出来。

即使是实行社会主义制度的国家，如果对精神文明建设不重视，放松思想道德教育与文化素质提高，也同样会造成民众素质低下，发展动力不足，直接影响社会主义国家发展的可持续性。例如，一些早期的社会主义国家，由于物质文明基础薄弱，加之忽视了理论建设、思想教育、制度完善和文化坚守，精神文明的滑坡反过来影响经济社会持续健康发展，先后出现了动乱、政变、解体和长期贫困落后等状况，教训不可谓不深刻。例如，苏联由于在坚持理想信念、社会公平和精神文明等

---

① 参见孙进己、干志耿：《文明论——人类文明的形成发展与前景》，黑龙江人民出版社、人民出版社2011年版，第319页。

方面出现严重错位，执政党丧失民心，引发"8·19"事件，导致苏联解体。可以说，过去百年来的共产主义运动既有成功的经验，也有失败的教训。

在中国，过去很长一段时期，由于鸦片战争以来造成的积贫积弱现象，新中国成立后，最主要的矛盾是人民日益增长的物质文化需要与落后的社会生产力之间的矛盾，最迫切的任务是改变一穷二白的面貌。改革开放找到了解放和发展生产力的有效途径，极大地焕发了经济发展的动力，使中国的经济实力得到了奇迹般的发展壮大。但在一段时期内，也出现了精神文化方面的诸多问题。人们觉得生活压力大，社会认同感低，幸福感不强，很多人以为是经济发展得还不够好，想通过经济来解决这一问题。结果经济发展了，这些问题并没有得到很好解决。

从全球角度来看，人类精神文明发展的落差主要表现为以下几种问题：

一是唯我独尊、唯己自大的问题。很多人（包括一些社会组织）认为自己永远是对的，狂妄自大，以我为中心，把自己的意愿强加于别人，搞强权政治和强权文化。在他们的心目中，"我"即真理，根本无视客观规律的存在，也无视公认法度的存在，对客观规律和公认法度没有敬畏心。

二是贪得无厌、索取无度的问题。人们在和大自然相处时，缺少互为依存、和谐共生的理念，盲目地凌驾于大自然之上，索取无度，恣意挥霍。对自己的消费欲望不加节制，一味向大自然索取，践踏资源，甚至不惜破坏生态、牺牲环境。对物质有贪得无厌的占有欲，在物质享受上有不计后果的短视行为。

三是争权夺利、铢锱必较的问题。崇尚强者为王、弱肉强食的丛林法则，在日常生活中处处争强好胜，恃强凌弱，损人利己，妒贤嫉能。在与他人（包括团体等）交往中吃不得半点亏，对利益斤斤计较。在人与人、国与国的交往中缺乏公平、正义、礼让和宽容的精神。

四是不讲信用、反复无常的问题。很多人自以为聪明，做人缺乏诚信，缺乏公道正义。生活在虚伪之中，空话、大话、假话连篇，信仰朝三暮四，承诺翻云覆雨，意志随波逐流。许多人精神空虚，方向迷惘，缺乏忠诚与坚守。

这些问题，造成了当今世界种种不良状况。如果从宇宙角度来看人类，地球人类就像一个头脑简单、四肢发达的愣头青，在地球上挥舞着大棒，恣意炫耀，横冲直撞，不时还滋生事端。其精神没有从根本上得到应有的修炼，举止没有得到很好的文明规范，造成全球各种乱象层出不穷、泛滥成灾。如果把物质文明和精神文明比喻成一个人的两条腿，现在的状况是：这个人物质文明的一条腿长，精神文明的一条腿短，所以走起路来总是一跛一跛很不稳定，有时还不免摔跤！

人类有几个基本问题还没有弄明白：经济发展成果应该由少数人享用还是应该由绝大多数人享用？人类财富积累是应该通过踏实勤奋来实现还是应该通过巧取豪夺来实现？人类的经济发展是应该适可而止还是应该无限制地发展？人类的精神活动在整个人类活动中处于什么位置？人类的终极幸福在哪里？这些基本问题本应该早已解决，可是从现实来看，不少人都忙于追求物质利益，而没有时间考虑这些本来不是问题的问题。

现在，迫切需要我们进一步认清精神文明和物质文明的关系，把被忽视的精神文明摆到它应有的位置上来。

我们说物质文明决定精神文明，并不是说有什么样的物质文明就有什么样的精神文明。先进的物质文明不一定能产生先进的精神文明，落后的精神文明却一定会影响先进的物质文明。经济强盛的国家如果忽视精神文明的发展，会随着这个国家精神文明止步不前而逐渐衰落；经济落后的国家，会随着这个国家精神文明的发展而逐步强盛起来。

历史事实充分证明，人类物质文明发展是有限的，它要受到地球资源、环境条件、生产能力和消费对象的诸多限制。而人类的精神文明发展是无限的，它不会随着物质文明发展的限制而终止。如果人类不把精神文明作为最高追求，而是把物质财富积累作为最高追求，将使人类陷于"发展——衰退——战争"的恶性循环之中，最终走向自我毁灭。所以，当今世界最重要的事情，不是一味追求物质财富，而是要把提升精神文明作为头等大事。

当今世界的精神文化发展状况已经出现了明显的落差，亟须新的精神文化对其进行改造。人们精神世界所表现出来的混乱性、迷惘性、落后性应当引起全人类的警觉。

善良无辜的地球人类啊，该清醒清醒了！现在是到了廓清困惑、重新审视自己前进道路的时候了！

第七章
地球文明的发展趋势

在地球上，任何生物也不能和人类比，人类的所作所为决定了地球文明的走向。人类对野生动物的保护，对土地资源的保护，对生态环境的保护，对人类自身种族延续的保护……都是地球文明发展的客观要求。随着人类对文明问题的认识逐步深入，地球文明的发展方向已经日趋明朗化。如果人类对地球文明的发展方向还是浑浑噩噩，或者漠不关心，则会在很大程度上影响地球文明发展进程。如果人类不能顺应文明发展的大势所趋，甚至背道而驰，将会给地球文明发展带来阻碍甚至破坏性的影响。地球文明必然向前发展是由事物发展的客观规律所决定的，人类对地球文明发展方向认识的趋同也是一道必须迈过去的坎。对此，我们要有充分的信心和足够的认识。

第一节 科技进步的前景

地球文明的发展过去在很大程度上依赖于科技发展,地球文明今后要继续发展,还要依赖于科技进步。科技突破是经济增长的最关键因素,科技引领是文明发展的最直接动力。事实已经证明并将继续证明,是科技进步的曙光让世界看到了文明发展的光明前景。

近代以来,人类文明发展进程经历了三次科技革命。第一次科技革命,以18世纪末蒸汽机的发明和应用为主要标志,以内燃机发明和汽车工业的兴起为结束,也可以称之为机械化革命。第二次科技革命,发生于19世纪中叶,它以电机的发明为起点,以电力的广泛应用为主要标志,完成了由机械化到电气化的转变,以电子通信产业的兴起为结束,也可以称之为电气化革命。第三次科技革命,是从20世纪四五十年代开始,以基因工程、系统生物学为起点,以原子能、航天技术、生物工程、信息技术、新能源、电子计算机和互联网技术的发明及应用为主要标志。这一过程,现仍在进行之中,也可以称之为信息化革命。

第七章　地球文明的发展趋势

科学技术发展是一个不断从多层次、多维度、多角度和多尺度破译自然之谜的过程。现代科学在不断推出新定律、新原理时又不断重新界定原有定律和原理的适用范围,如相对论对牛顿力学的界定,耗散结构理论对热力学第二定律的界定,非线性力学对经典力学体系适用范围的界定等。探索自然之谜的结果是面对新的自然之谜,提出问题和找到答案有着同等重要的意义。因为提出问题使人类的智慧不断受到挑战,同时使科学技术发展永无止境。科学技术的这一特质,使科技的前沿成了人类不懈追求和不断满足好奇心的无边疆界。

科技改变人的思维模式,开辟人的思维空间。过去我们曾经焦虑煤炭枯竭了怎么办,后来又担心石油用尽。现在,页岩气、可燃冰、光电硅、核电池等能源的出现,让我们在能源焦虑的问题上松了一口气。随着科技的进步,越来越多的新能源逐渐被发明和开发出来,我们才发现,过去我们的担忧实际上是一种低科技水平的杞人忧天。

20世纪是现代科技突飞猛进的时代。信息论、系统论和控制论的发展,带来了科研方法的变革;有机化学合成技术、高精细分析化学、纳米分子科学的成果运用,带来了新型合成材料的发展;航空、航天技术和火箭的发展,拓展了人类的活动领域;雷达、电视、卫星和其他通信技术将世界变成了"地球村";电子计算机及国际互联网技术改变了人类相互交往的方式;核技术在能源方面尤其是在军事方面的应用,使人类不得不重新认识战争与和平;克隆技术则直接"亵渎"了生命的神圣与独特……总的来看,近代以来的科学技术进步已经全面改变了人类的生活方式、思维模式和价值观念。

进入21世纪以来,现代科技发展更是日新月异,其速度和程度都出乎人们预料。电子计算机超大规模集成、软件设计、电脑编程、智能机器人的广泛应用,促进了生产自动化、智能化;全球互联网、物联网的推广实现了信息的共享和互通,使人与人沟通、人与物连通、物与物相通的障

·179·

碍拆除；量子科技、微电子技术、转基因生物技术、药物筛选高通量技术等技术发展，带来了医学、生物学领域的革命性变化；生物分子元件制造、人工智能生物计算、合成细胞生物系统等技术的开发，催生了生物分子材料、纳米医疗智能机器人、遗传工程等产业发展。随着现代科技的不断进步，人类的衣、食、住、行、用等日常生活的各个方面都将发生重大变革。

互联网将世界连为一体

未来30年，现代科技的发展将推动生产力向更高层次发展，同时推动人类文明向更高层次进步。科技进步的曙光将开辟地球文明发展的锦绣前程。

为了较为直观地说明科技进步的前景，我们来分析并展望三个具体的例子。

第一个例子，人工智能的广泛应用。

人工智能（Artificial Intelligence，AI），它是研究、开发用于模拟、延伸和扩展人的智能的理论、方法、技术及应用系统的一门新的技术科学。

人工智能是计算机科学的一个分支，试图应用计算机的软硬件来模拟人类某些智能行为，包括机器人、语言识别、图像识别、自然语言处理和专家系统等。人工智能应用的范围非常广泛，包括经济管理、金融贸易、医疗教育、农业植保、工业制造、交通运输、餐饮旅游、游戏玩具、音乐等诸多方面。如现在人们可以见到的各种智能生活设备、导航、无人驾驶汽车、酒店餐饮机器人服务，都属于人工智能的应用范围，给社会生产、生活服务提供了极大的便捷性。

但人类离真正意义上的人工智能应用，还有很长的一段路要走。全世界顶级的高科技公司，都在夜以继日地抢先研发功能更强大的人工智能处理器。

2015年，科技界传来了一个重磅消息，中国清华大学类脑计算研究中心施路平团队经过7年不懈努力，研发成功一款具有尖端技术的人工智能芯片——"天机芯"（Tianjic）。这款芯片无论在性能上，还是在工艺上，都达到了一个颠覆性的高度：在3.8毫米×3.8毫米面积的芯片里，安装了含大约40000个神经元和1000万个突触，形成156个功能核心（FCore），具有强大的智能处理能力。研究人员用一辆搭配了天机芯片的自行车验证了这一芯片的功能。2017年，第二代"天机芯"问世。2019年8月，世界顶级科技杂志英国《自然》（Nature）杂志进行了报道并把它直接放在封面，标题为《双重控制》（Dual Control）。随着类似于"天机芯"的人工智能技术不断突破，人类可望在10年内不但实现万物互联，而且将实现人工智能的广泛应用。

英国《自然》杂志封面报道中国"天机芯"

第二个例子，智能化纳米机器人带来医疗革命。

影响人类寿命的疾病主要分为三种——癌症、心脑血管疾病、器官衰竭。随着智能纳米机器人的研发和商业化普及，将在攻克这三大疾病上引发医疗体系的一场革命。医生用针管注射一管液体进入人体，这管液体其实就是无数个纳米机器人，他们就像进入人体的"外科医生"，可以24小时自动在人体内循环检查，将人体各项数据传导给外面，且效果远远超过其他检查和治疗手段。

例如，现在有条件的医院已经开始临床应用胶囊机器人治疗胃病，胃病患者不用做痛苦的胃镜，吞一粒胶囊机器人就可以了。在癌症治疗上，采用靶向药物实行基因靶点治疗，随着智能纳米机器人的研发，可以对癌细胞实行更为精准的打击，估计大部分癌症在10年内都能攻克。预防与治疗心脑血管方面的疾病，智能纳米机器人更有拿手绝活，它可以在患者血管内溶解血栓、清除瘀毒、修补创口、保持血管畅通。而对付人体器官衰竭，可以通过智能纳米机器人用健康人体器官的胚胎干细胞对心、肝、肺、肾等器官加以修复。

人类如果成功实现智能纳米机器人在医疗领域的大规模临床应用，寿命将出现一个飞跃，活上100岁是轻松平常的事情，活到120岁也不稀奇。

第三个例子，可控核聚变实现商用。

可控核聚变可以说是当今世界头号科研课题。过去，可控核聚变的研究一直在经济发达国家中开展。为了整合全球人力和物力资源，西方发达国家和俄罗斯、中国的科学家联合成立了一个ITER组织来推进这个项目。

中国在这个项目的研究上可谓下足了功夫。中国从2016年就启动了可控核聚变工程实验堆（CFETR）的工程设计，主要是以中科院等核心科研院所、多所高校协力攻坚，取得了可喜的进展。中国计划在这个项目上投资几千亿元，争取在2050年前研制出可控核聚变的商用炉。而要实现可控核聚变的广泛应用，更为重要的一个条件就是解决能源传输问题，这恰好是中国的强项。就算其他国家率先研制出可控核聚变商用炉，而要把廉价的能源（主要是电力）输送到各地也是一个难题。只有中国能揽下这一艰巨工程。中国国家电网掌握了特高压传输的独门绝技，可以解决远距离、大容量、低损耗能源传输问题。截至2017年，中国国家电网就已经在菲律宾、巴西、葡萄牙、澳大利亚、意大利、希腊等9个国家和地区投资运营了骨干能源网，输变电工程遍及更多国家和地区。也就是说，人类一旦突破可控核聚变技术，中国可能是最大的赢家，也可能是中华民族对人类文明的又一个巨大贡献。

中国试验中的可控核聚变商用炉

人类可控核聚变实现商用，对人类生产、生活方式的改变具有里程碑式的意义。随着能源问题的解决，很多困扰人类已久的一系列生存发展问题将迎刃而解。例如：淡水资源不再是稀缺资源，直接电解海水就可以获得取之不尽、用之不竭的淡水，地球上许多沙漠将变成绿洲。农业将进入工厂化生产时代，因为有了廉价电力，粮食或者蔬菜可以在一个个超级工厂里利用人工光合作用很快就生产出来。人类将结束存量博弈的历史，大量煤电厂、水电厂关闭，石油无人问津。人类开发星际资源成为可能，装备了可控核聚变发动机的宇宙飞船将奔向太空，人类将走向星际资源开发的新时代。

科技改变生活，科技创造文明。在未来1000年内，人类科学技术将以超乎人们想象的速度发展。在人类科技发明创造的长廊上，将展现一幅幅绚丽多彩的图画。现在，就让我们来形象地展望一下未来1000年地球科技文明发展的主要节点吧——

2030年：人工智能在生产、生活的各个领域得到广泛应用。超级高铁实现营运。空间太阳能发电站问世并向地面供电。

2040年：可增强人们身体能力的新材料衣服研制出来。3D打印技术广泛应用于建筑业和制造业。太空清道机器投入使用。

2050年：人类可控核聚变商用炉和医用智能纳米机器人广泛使用。火星勘察全面开展。若干海底隧道和管道通道接通，环球高速公路建成。

2060年：可续航2000公里氢燃料电池汽车诞生。人体器官克隆技术可以用自身细胞培育身体器官。

2070年：有思维能力的智能机器人大规模地代替设计、制造业工人，进入家庭陪伴。安防安保部门装备人工智能武装机器人工作。

2080年：人可以用冷冻法保存生命，也可以用修补法去修复损坏的器官和改变容貌。

2090年：世界首架无翼电磁空中飞行器问世，它能够垂直起飞、直角转弯飞行，相当于第一代飞碟。

2100年：真空管道磁悬浮列车在全球范围内投入商业运行，北京和纽约进入1小时交通圈。

2120年：科学家将在月球建造直径为500米的液态光学望远镜。第一个实验性正电子反应堆诞生，标志着人类进入反物质能时代。

2140年：环绕于地球空间轨道上的太空旅店建成。根据人的DNA可以绘制出这个人的大致外貌。

2160年：月球进一步开发，成为人类进出太空的中转站，去月球旅行成为一项很流行的活动。

真空管道悬浮列车

2180年：太空飞行器技术实现突破，核聚变火箭、电磁飞船以及太阳风帆太空船进入实用阶段。

2200年：人造肉、人造菜、人造米、人造奶、人造蛋等人造食物大规模生产出来，开始淘汰传统农业、畜牧业和渔业。

2220年：量子集成电路计算机进入实用阶段，广泛应用于各领域生产和个人日常生活。量子感应和传导技术达到实用化水平。

2240年：天空母舰诞生，传统的水面航空母舰退出历史舞台，真正的霸主在天空。人脑同智能机器人相对接，产生依赖而无法分开。

2270年：人与机器之间的交流将比人类之间的交流更便捷，人类也可以把脑电波转为电波信号，直接用意志操控电脑或机器，甚至演奏乐器也无须动手。

2300年：生物基因工程技术臻于成熟，生命修复与复制进入实用阶段。智能机器人代替人类完成部分功能。

2350年：人类开始大规模开发月球，用月球上储量丰富的氦-3来进行核聚变发电，再通过巨型红外线发射器大量供应地球。

2400年：众多业余爱好者加入太空探险者的行列。人类首次登陆木卫二，就地利用其表面的冰制取水，建立科考基地和太空中转站。

2450年：大脑中的生物芯片能够将知识植入其中，人类教育模式发生根本改变，知识和能力的强弱只在于信息移植多寡。

2500年：人类大脑生理机理、精神系统研究取得突破，人工智能代替人类的大部分智力劳动。

2600年：长达10多公里的大型太空母舰建成，小型飞行器从一端飞进，从另一端飞出。太空城开始建造，有移民陆续迁入。

2700年：人类在超高能量、量子纠缠、暗物质等技术开发上取得突破，将进入"大时空航行"时代。

2800年：人类通过遗传工程和基因改造，生命机能进化，能适应宇宙射线辐射和恶劣生存环境变化。

2900年：人类意识和高智能化机器人结合，形成崭新的人类生命形式。人类不会受到大气环境、水资源、温度、宇宙辐射等环境限制而进行长途宇宙旅行。

3000年：人类利用反物质和量子效应，使维度穿梭旅行得以实现，人类可以前往太空的更深区域。

当然，以上这些科技文明发展的节点只是展望性、象征性的。虽然不一定能够一一实现，但基本能够代表科技文明发展的方向，反映那时科技文明发展的水平。它从一个方面表明了地球文明的发展趋势，使地球文明迈入一个全新时代。

第二节 精神灵性的主导

我们前面已经了解到,地球文明发展的主要问题之一是精神文明发展存在落差,人类精神文明发展滞后于物质文明发展。地球文明未来的发展趋势,无疑会朝着注重精神文明建设的方向发展。这是一个不以人的意志为转移的客观规律。在生命的所有特征中,精神是最为神秘的。精神是什么东西,这个问题已经困惑了人们太久太久。在很久以前,人们就已经发现,精神和其他所有存在的东西都不一样,它具有一些很奇怪的特征。科学发展到今天,空气、辐射、电磁场这些以前我们看不见摸不着的东西,现在都可以进行计量和测量了。唯有精神,我们虽然明明知道它的存在,却无法对它进行计量和测量。有些人在受到重大刺激时,突然疯掉了,成为精神病人。这就奇怪了,因为从硬件上来看,他的大脑结构并未受到物理性损伤,与之前还是一个正常人的时候没有什么不同,为什么突然间大脑就不能正常工作了呢?

这个事实提醒我们,人脑的正常运转也是需要软件支持的。精神病患者之所以会精神失常,并不是由于"硬件"的原因,而是因为强烈的刺激,让大脑中"软件"的运行出现了逻辑错乱,导致了"系统"崩溃。

人的生命是一个完整的工作系统,身上应该都带有一个类似于系统软件那样的东西,文学作品里称其为"灵魂"。

人是由什么构成的?人们首先想到的是大脑、四肢、五脏、神经、血液、细胞……几乎都是西医解剖学告诉我们的物质存在。然而,人体只是由这些东西构成的吗?中医认为,绝对不止这些东西。中医有一个专用名词:藏象。《黄帝内经》专门有一节叫《六节藏象论》,论述了在五脏"心、肝、脾、肺、肾"的背后,是五藏"神、魂、魄、意、志"。"藏象"一词的"藏",是隐藏、藏匿的意思,读"cáng",不读"zàng"。"藏象"一词的"象",是表象、表征的意思。"藏象"就是隐藏的物体与它的表现形式。藏象是一个系统,它看不见,摸不着,但它的功能是实实在在的,中医就是依据藏象的功能来诊断治病的。藏象系统是一个有别于现代解剖学的另一套人体生理系统。如果说解剖生理系统是人的第一生理系统,那么藏象生理系统就是人的第二生理系统,而且它是个独立的生理系统。这也许就是人们常常提及的"灵魂"。

中医的藏象理论

灵魂真的存在吗?古书中有许多记载。如《圣经》记载:"耶和华用

第七章 地球文明的发展趋势

地上的尘土造人,将生气吹在他的鼻孔里,他就成了有灵性的活人。"印度《摩奴法典》记载说:"当这灵魂进入了黑暗(人的身体内部)后,就同感官结合在一起,人便成了'原人'(有灵魂的人)。"埃及《死者书》记载:"在初始就存在神圣的灵魂。"中国《黄帝内经》记载:"精气常先身生。"这里的"精气"就是指灵魂,而且常常在身体产生之前就存在了。此外,亚洲阿拉伯人、美洲印第安人、非洲土著等有许多古书和传说都表明人是有灵魂的。而在民间,关于灵魂的传闻一直层出不穷,数不胜数。

早在20世纪,就有外国科学家对人是否有灵魂进行过探索。美国麻省理工医学家邓肯·麦克道高(Duncan MacDougall)于1907年4月在《美国医学》杂志上发表了他的研究成果,题目是《关于灵魂是物质的假说并用实验证明灵魂物质的存在》。他设计了一张安装在一种很灵敏的秤上的床,让快死的人躺在上面,通过人在死前和死后不久体重的变化来检测灵魂是否存在。结果表明,在那一瞬间,体重竟然减少了21克!于是他得出结论:这就是灵魂的重量。这个实验在当时引起了很大的关注,当然这并不能证明灵魂真的存在。

美国蒙特利尔大学的马里奥·博雷加德博士(Dr. Mario Beaurgard)也说自己一生中经历了多次幻觉与灵性体验。尽管现在科技很发达,但是对于灵魂这件事,还是不能用科学来解释明白。虽然有科学家进行过亲身体验,但还是无法从科学的角度讲清楚。就像有的结论至今虽然没有人能够推翻,但同样也没有人能够证实。

现在看来,中国中医的"藏象理论"是最接近解释关于精神、灵性、灵魂之类现象的理论。因为它阐述了这样一个观点:在我们的身体里还潜藏着另外一种生命体,在某种程度上它利用我们的身体,又能控制我们的身体。而这种生命体无论从哪个角度讲,都十分类似于人们所讲的灵魂。更重要的是,这不是推论,而是医学,是实实在在体现了某些功能的实用科学。几千年来,我们一直在利用藏象理论达到人类健康繁衍发展的目的。

精神灵性领域是现代科学技术的前沿阵地。精神灵性的成长将给地球人类增添智慧和力量,促使地球人类文明登上一个新台阶,也将促使人的思想同宇宙自然融为一体——创造一个文明、和谐、睿智、通达的世界。人类科技发展应强化对精神灵性的研究。地球文明的发展方向,应该是走好精神文明与物质文明融合发展之路,做好东西方文化融合的大文章,从而实现人类整体文明层次的全方位提高。

如何才能探测到宇宙、自然和生命玄机的奥秘呢?古人认为,人的精神系统具有超凡的潜力,能够达到心灵感应,发现奥秘,识破玄机。而要达到这一点,精神道德的修养至关重要。希腊先哲苏格拉底就说过,哲学的目的不在于认识自然,而在于"认识自己",即认识自己的心灵。中国传统文化更是强调以信仰为本、以道德为尊。古代思想家、科学家都认为,修身养性是认识自然的前提。要认识"天命"、掌握自然和社会的客观规律,自己必须要有高深的德行。中国的古代文化体系尤其强调修身在于修心,人的道德修养和超常能力密切相关。

例如,被后世誉为"药王"的大医学家孙思邈,是唐代著名的道士,他在医药针灸上具有超常的发现,有24项成果开创了中国医学、药学的先河,能够直接诊疗病根,展示出高明的医术。他又被誉为"中国医魁",他的医德言行被后世习医、业医者奉为圭臬。

又如,汉代的张衡是科学家、天文学家、文学家,具有多方面卓越才能。他说:"君子不患位之不尊,而患德之不崇。"他为人谦和,道德高尚,在没

"药王"孙思邈

有科学观测仪器的条件下发明了浑天仪、地动仪。

现在，科学技术水平已经有了很大提高，但是面对宇宙未知领域，人类的认知能力还不算高。目前只能像盲人摸象一样去探寻宇宙和自然的奥秘。

盲人摸象是人们熟悉的故事。盲人看不见大象，只能用手去摸，因此比视力正常的人多了"摸"的过程，而且对"摸"到的东西只能乱猜一气。摸到象身子的人说象是一堵墙，摸到象腿的人说象是一根柱子，摸到象耳朵的人说象是一把扇子，摸到象尾巴的人说象是一根绳子。盲人多了"摸"的过程，是不是比视力正常的人高明呢？盲人的猜测、推理是不是比视力正常的人看到的正确呢？显然不是。视力正常的人用眼睛就可以看清大象，即具有看清大象的能力，无须借助"摸"的方法。实证科学用的就是类似于盲人摸象的方法，只能够借助仪器来研究，用仪器探测就像是盲人"摸"的过程。为了给"摸到的东西"一个说法，需要把仪器探测到的信号转化为人能够理解的形式。这种转化需要一种工具，相当于研究人员和测量仪器之间的翻译器。即现代科学的定量分析只是给"摸到的东西"一个解释、说法，甚至一种猜测。至于这个过程中忽略或扭曲了多少东西，实证科学并不能确定。加上测量仪器本身的局限性，只能够看到非常肤浅、表面的东西。

就拿现代人给人治病为例。西医诊治病患的原理比较直观，主要靠仪器和化验。血管不通了装个支架，哪项生理指标过高了就用化学药物把它降下来。而中医诊治病患注重调节人的"藏象"生理系统，强调身体内在机能的平衡与改善。

人们常说"举头三尺有神灵"，是指宇宙、自然、生命是有其内在的规律性的，人的行为要顺应这些规律性的规范。遵循了规律就能够顺利，违背了规律就要受到惩罚。所以，这句话不是吓唬人的，是有一定道理的。要恢复和提高人们认知宇宙、自然和生命玄机的能力，就要从修身养性、提高自身的精神道德修养开始。

现在的人类社会精神文明越来越多地受到各界有识之士的关注和认可。人性向善、道德修炼、精神升华、生命能量、天人合一这些词语不仅成为学术界的专属论题，也受到越来越多的普通百姓的关注和认同。世界正在不知不觉中从"科学至上"和"技术主义"向精神、人性、道德、信仰转向。科学技术和信仰敬畏两者并非水火不容，而应是相辅相成：一个向外挖掘物质领域，一个向内探索精神领域。

人类社会发展从原始社会算起，已经经历原始社会、奴隶社会、封建社会、资本主义社会、社会主义社会，将会经历共产主义社会，在精神上对应着以下几个阶段：朦胧阶段、苦闷阶段、困苦阶段、艰辛阶段、舒适阶段和快乐阶段。其实，共产主义社会对应的快乐阶段不是人类精神达到的最高阶段，应该还有一个极乐阶段。那是掌握了宇宙、自然和生命玄机奥秘、拥有自由发展能力的超地球社会。人类社会发展其实是一个精神上不断提高、不断升华的过程。

未来人类的主要生活方式之一，就是通过修行不断提高思想境界，社会变得更加安宁、和谐、幸福。对精神灵性的研究是人类文明发展到一定阶段的产物，人类在生存问题得到基本解决的时候，有了更多精力对精神灵性问题进行思考和追求。科学技术发展使人们拥有了更多理解精神灵性的能力，精神灵性的觉醒会促进社会文明发展，两者是互相促进的关系。

地球人类进入新的时代，应将精神追求作为人类使命的重中之重，应当心无旁骛、锲而不舍地向着人类文明整体升华的目标进发。

第三节　中华文明的引领作用

中华文明源远流长,是世界四大古文明中唯一没有中断的文明。

但近代以来,中华民族古老的传统文化被西方入侵,世界上现在并不普遍认同中国文化的先进性。就连国人自己,也有一部分人鄙视自己的文化,认为是保守的、落后的,甚至是没有发展前途的。

怎样评判文明的优劣?以美英为代表的西方文明真的比以中国为代表的东方文明先进吗?

长期以来有一种观点:西方近代以来的胜利是开放自由战胜了封闭保守,工业科技战胜了农耕经济,先进文明战胜了落后文明。事实果真如此吗?仔细翻阅一下历史,就会发现,西方人对其他文明的胜利几乎没有一项是按照文明的本质要求来实现的。例如,对印第安人和黑人,西方人的方法是暴力和屠杀;对阿拉伯人,西方人的方法是奴役;对中国人,西方人的方法是鸦片和坚船利炮。这几乎都是武力的功劳。而用武力解决问题,这本身就是同"文明"的本质要求相去甚远的。

文明的本质是人与人之间的和谐。随着文明的发展和文明程度的提高，应该是越来越多地通过和平方式来解决国家与国家之间、民族与民族之间的冲突。文明的民族或国家会越来越少地将资源用于壮大武力，越来越少地使用军队，越来越少地实施杀戮，而致力于提升世界整体的福利水平。但是，文明发展就如同博弈理论中的囚徒困境，很多情况下并不能达到帕累托最优结果。博弈理论中的囚徒困境模型表明，如果文明的民族或国家越来越少地诉诸武力，越来越少地改进武器，越来越抛弃尚武精神，一旦它面对文明程度较低而又倾向于诉诸武力解决冲突的民族或国家时，就有可能在冲突中处于劣势而败下阵来。在历史上，蛮族入侵并战胜文明民族的例子屡见不鲜。这就使文明的发展进入十分矛盾的困境之中：文明发展较高的一方会给世界带来和平红利，却使自己丧失了武力上的优势；文明发展落后的一方能够在武装冲突中战胜对方，却在整体上减少世界总的福利水平。[①]世界文明进程就是在这样自我矛盾、反复博弈、拉锯般交替进退中艰难地演进着。

我们看到，西方文明导致的结果是无休止的军备竞赛。如果大家都沿着这条道路走下去，只会给整个世界（包括西方自己）造成越来越多的危险和隐患。在这样的事实面前，西方文明还能够保持他们的傲慢和自负吗？他们是不是应该反省一下自己，放下自以为是的架子，承认自己的文明要素中包含着毁灭自己的因子呢？事实将证明，西方文明不能拯救世界，以西方为榜样的发展模式，它的尽头是一条死胡同！

当今世界迫切需要新的思想引领，迫切需要新的文化养成。

中华民族是一个热爱和平的民族，中国传统文化的最高理想是天下太平，亲如一家。早在春秋战国时期，面对战乱不止、民不聊生的残酷现实，一批智者、贤人经过苦苦思索寻求出路，提出了一系列富含

---

① 参见盛洪：《为万世开太平——一个经济学家对文明问题的思考》，北京大学出版社1999年版，第28页。

"仁""爱""和"的优秀文化主张。孔子说,"泛爱众,能亲仁";老子主张"见素抱朴""道法自然";孟子主张"亲亲而仁民,仁民而爱物";孙子反对战争,他说"百战百胜,非善之善也;不战而屈人之兵,善之善者也";墨子提出"兼相爱,交相利"。秦始皇统一中国后,中国有了大一统的思想基础。从汉唐以后,中国就放弃了战国时代的好战倾向,在思想道德上全面接受以孔孟儒学为主(包括老庄、墨翟的主张)的文化和道德取向,形成了以"天下主义"为特征的文化精神,并且传承了这种优秀文化。到明代,思想家王阳明把"天下一家"的思想发展到了一个新高度,他说:"圣人之心,以天地万物为一体,其视天下之人,无外内远近。……天下之人熙熙皞皞,皆相视如一家之亲。"①

孔孟思想的精髓是仁爱精神

近代以来,中国向西方学习国家利益至上的民族主义,实际上是一种无奈。中华民族渗透在骨子里的仁爱、和善、包容的文化,使中华文明的道德取向并没有丢失。一方面,中国必须强大,必须维护自己应有的国家利益,强大才有发言权,维护自己的利益才能不受别人欺负。另一方面,中国强大不是为了称霸,中国文化历来不具有进攻性,只是追求自己最合理的社会、文化、经济形态,并且从不把自己的意志强加给别人。正如习近平总书记所说:"中华民族的血液中没有侵略他人、称王称霸的基因。"②中国文化经过近代以来的震荡、反思、碰撞与磨合,也可以说是凤凰涅槃、浴火重生,产生了具有以下四个特征的全新文化:

第一,文化传承的根基深厚。这种文化保留了人类文明原始时期的基

---

① 见王阳明《传习录》之《拔本塞源论》一文。皞(hào),熙熙皞皞,光明祥和的样子。
② 习近平:《同志在庆祝中国共产党成立100周年大会上的讲话》,人民出版社2021年版,第16页。

本思想内涵。由于相对封闭的地貌和相对封闭的文化体系,从中古时代以来就避免了民族扰攘和文化冲突,使得中华文化从人类上古时代开始的思想序列都得到完好地保留。中国文化发展阶段之间是一脉相承、前后贯通的。

第二,经历了一个扬弃的过程。由于中国长期形成的农耕文明根深蒂固,使得近代向工业文明转型极为困难,这就导致了近代中国相当于"食草"的文明遇上了西方"食肉"的文明,两个文明之间发生了剧烈冲突。这个冲突的后果就是我们有了一段100多年的屈辱历史。中国传统文化经历了一段扬弃过程,经历了一段炼狱般的痛苦后,才在新的基础上顽强地延续下来。

第三,能够取长补短,兼收并蓄。1840年鸦片战争后,中国痛定思痛,开始了学习转型,如洋务运动"师夷之长技以制夷",戊戌变法开始学习西方的政治制度。那段时期在各个学科出现了一批以宣传西方文化为主的文化巨擘。我们以最谦卑的态度学习西方,这使得我们具有了兼收并蓄的特质,形成了兼具东西方文化优点的优势。

第四,焕发了革故鼎新的内生动力。破除了思想藩篱、激发了内生动力而又具备勤劳朴实特质的中国人,认识到了封闭、僵化的危害性,认准了发展这个硬道理,迸发出无穷的创造力,启动了改革开放的发动机,进入了一个创造奇迹的时代。这说明中华文化具有与时俱进的超强生命力。

这种文化,是一种引领世界走出战国时期的新文化,是一种可以令世界折服的新文明。这种文化所体现的优秀潜质,使中华文明具备了引领世界文明潮流的独特优势。

——在当今世界,中国倡导"天下为公",提出了天下的事情天下人来办的大同主张。中华文明中所独有的"天下主义"认为,天下的事情,要由天下的人来办,各种不同的人、家庭、社群、民族、国家之间都应相互尊重、相互包容、平等相待。这种以"天下为公"为核心的"天下主义"，代表了当今世界的最高理想。

中华文明倡导"天下为公"的大同主张

——在当今世界，中国倡导"以和为贵"，提出了和睦相处、和平共处的处世主张。"以和为贵"就是倡导人与人之间、家庭与家庭之间、社群与社群之间、民族与民族之间乃至国与国之间都要和平相处，实现"万国咸宁"，人人过上幸福安宁的生活。这一观点，可以说是代表了处理人类相互关系问题的理想模式，也是我国提出"构建人类命运共同体"的思想渊源。

——在当今世界，中国倡导"和而不同"，提出了宽容共存、求同存异的外交主张。"和而不同"主张国家与国家之间、地区与地区之间的分歧、争端，都可以通过求同存异的办法解决。中国提出和平共处五项原则的外交政策，互相尊重主权和领土完整、互不侵犯、互不干涉内政、平等互利、和平共处，就是这种思想的集中体现。

——在当今世界，中国倡导"兼爱非攻"，提出了不首先使用核武器和不对无核国家使用核武器的主张。这不能不说其中充满了中华文明的亲仁精神和宽厚胸怀。这一主张是当今世界最大限度地避免战争、避免把人类带入"武器先进者胜"恶性循环的最负责任的表态，也是使人类免遭涂炭、避免自我毁灭的最高尚的姿态。

习近平总书记在亚洲文明对话大会上说："亲仁善邻、协和万邦是中华文明一贯的处世之道，惠民利民、安民富民是中华文明鲜明的价值导向，革故鼎新、与时俱进是中华文明永恒的精神气质，道法自然、天人合一是中华文明内在的生存理念。"① 这是对中华文明内涵最高度、最精辟的概括。事实将证明，这些中华文明的精华，对今后世界文明发展进程将产生决定性的影响。

亚洲文明对话大会

中国人民高擎民族主义的旗帜，走富国强兵的道路，绝不仅仅是为了洗雪100多年来所蒙受的耻辱，而是胸怀天下。世界上许多智者已经看到了这一点。著名科技史学家李约瑟曾大声疾呼："如果人类要在21世纪生存下去，必须回头2540年，去吸收孔子的智慧！"② 就连一贯以民族主义为荣耀的英国，也有一个叫汤因比的学者，对秉承天下主义文化的中国寄予厚望，他说："中国不会仅仅停留于经济强国的位置，中国的文化将统

---

① 《习近平在亚洲文明对话大会开幕式上的主旨演讲》，新华网，2019年5月15日。
② ［美］李约瑟：《中国科学技术史》第6卷第6分册，科学出版社、上海古籍出版社2013年版，第81页。

第七章 地球文明的发展趋势

领世界。"①

美国前国务卿基辛格给近代中国作过这样的评论,近200年的中国或许只是历史上的一个短暂的意外,这并不是常情。他对此解释说:"中国在漫长的历史进程中,每当他们建立起大一统盛世的时候,总不认为这是起点,而是复兴,是回到巅峰。似乎那个巅峰的中国,早在黄帝之前就存在一样。"②

英国伦敦经济学院教授马丁·雅克2009年出版了一本书《当中国统治世界:中国的崛起和西方世界的衰落》。他说:"中国崛起不可怕,可怕的是它其实是一个文明,但是它却'伪装'成一个国家的存在。"③他认为,中国人之所以自认为是中国人,不是因为他们对民族身份的认同,而是因为对中华文明的认同。所以,在中华文明巨大力量的支撑下,中国国家的兴衰只不过是一个摔倒了再站起来的动作而已。我们应该有这样的文化自信:中华文化是当今世界底蕴最深厚、包容性最强、前景最广阔的文化。中华文明必将在全球文明复兴与发展的道路上不断突破,不断超越,必将在传承人类文明优秀成果的基础上迈向更高的形态,为往圣继绝学,为万世开太平!中华文明从来没有像今天这样令世人瞩目,中华民族伟大复兴从来没有像今天这样接近目标!

在东方文明、西方文明的大决战中,东方文明的优越性已越来越明显。而西方文明,除非它洗心革面、改弦更张、摆正心态,找到与东方文明融合的方向,否则将逐渐衰微并最终被时代所淘汰。

---

① [日]池田大作、[英]阿·汤因比:《展望21世纪——汤因比与池田大作对话录》,荀春生、朱继征、陈国梁译,国际文化出版社1997年版,第255页。
② [美]亨利·基辛格:《论中国》,胡利平等译,中信出版社2012年版,第511页。
③ [英]马丁·雅克:《当中国统治世界:中国的崛起和西方世界的衰落》,张莉、刘曲译,中信出版社2010年版,第112页。

▶ **第八章**

地球文明的归宿

　　地球文明还能够延续多长时间？科学界对此争议很大。一些科学家悲观地认为，1000年内，地球文明就可能夭折。另一些科学家则乐观地认为，地球文明至少还可以延续10亿年。从宇宙的角度看，任何一个恒星都是有生命周期的，作为太阳系行星之一的地球，生命也是有期限的。而且，人类生命能够在地球上繁衍生息多久，能够发展到什么程度，受到许许多多自然的或人为的不确定因素的影响。地球并不强壮，人类更是脆弱。在自然规律面前，人类既要顺应客观规律，又要发挥主观能动性，不管发生什么情况，都要承担起地球文明主人翁的职责。地球文明发展到今天，面临着消解旧文明弊端、提升新文明层次的艰难抉择。地球文明的归宿在何方？人类应该构建一个怎样的未来文明形态？应该以怎样的姿态迎接地球文明新时代的到来？

第一节 地球保护与资源共享

地球环境的保护、人类生存条件的维持是地球文明得以延续的前提。可是，人类的生存繁衍无时无处不伴随着危机。2002年9月，西班牙专栏作家露易·西在《西班牙世界报》发表了一篇文章，题目是《假如人类灭绝》。该文列举了人类灭绝的十种可能：小行星对地球的撞击、伽马射线的爆发、飘移黑洞的吞噬、太阳大爆炸、超大规模的火山爆发、世界性的疾病、地球变暖、世界核战争、机器人代替人类主宰世界、太阳变成超新星。[①]实际上，这些列

可爱的地球家园

---

① 参见《假如人类灭绝》，《参考消息》2002年10月14日。

举并不齐全，毁灭人类的可能性远不止这些。

地球是人类的美丽家园，人类生活在地球母亲的多重保护之中。可是我们有些人对这种无处不在的多重保护毫无觉察，甚至在无节制地糟蹋着这些保护要素。

我们知道，地球岩石圈、土圈、水圈、大气圈是地球四宝。这四圈，构成了地球生命良好的生存环境。对我们人类来说，还应该加上一圈——生物圈，地球上各种生物的存在也是我们人类生存必不可少的条件之一。就是因为有了"五圈"的存在，才构成了人类生存的总体生态圈。

岩石是地壳的主要成分。岩石封锁了地心和地幔滚烫的岩浆，防止火山频繁爆发，使地球有了固体星球的特征，给了地球生物赖以立足的坚实依托和稳定基础。岩石中还有大量的矿产资源，是人类社会生产发展的重要物质基础。历史学家将人类历史划分为旧石器时代、新石器时代、青铜器时代、铁器时代，就是以当时人们开发利用矿产的主要标志物来命名的。

土壤是岩石圈表面的疏松表层，是陆生植物和动物生活的基质。它滋养着花草树木，也为陆生动物提供食物来源。土壤也是地球的胃，它消化着植物和动物的尸体，把数不尽的垃圾化为肥料，生态系统中的很多重要过程都是在土壤中进行的。对人类来说，土壤环境是具有基础意义和独特优势的生存环境。

水是生命之源，各种生命活动都离不开水。地球从远处看过去之所以是一个蔚蓝色的星球，就是因为其71%的表面积被水覆盖着。其实，地球上97.5%的水是咸涩的海水，只有2.5%是淡水。而在淡水中，能够供人类直接使用的只有1%左右。涓涓的溪水、奔腾的江河、平静的湖泊、浩瀚的海洋、飘浮的云朵、封冻的冰雪……这一切构成了滋养生命的水圈。

风光旖旎的江西新余仙女湖

大气更是地球生命的保护神。地球大气层中含有70%的氮、21%的氧、0.9%的氩、0.03%的二氧化碳，此外还有0.07%的水汽和其他微量物质。空气是地球上的动植物生命新陈代谢的必要条件，动物呼吸、植物光合作用都要依靠空气。大气层可以使地球上的温度保持相对稳定，可以吸收来自太阳的紫外线，可以阻挡部分来自太空的高能粒子，还能有效地减少来自太空的陨星和宇宙物质的袭击伤害。

生物圈是所有生物链的统称。生物圈中的各种生物，按其职能和作用，可分为生产者、消费者和分解者。生产者主要是绿色植物，它通过光合作用将无机物合成为有机物。消费者主要指动物，其中又可分为一、二、三级消费者，形成食物链，肉食动物处于食物链的顶端。分解者主要指微生物，可将有机物分解为无机物。这三类生物构成了一个循环而又动态平衡的生态系统，维持着地球生命的多样性。

对我们人类来说，这"五圈"不但缺一不可，而且性状还不能发生大的变化，循环还不能有所中断，否则，人类就面临危险了。"五圈"齐全，正是地球区别于金星、木星、水星、火星、土星五大太阳系行星和其他星球的主要标志。但是，现如今，"五圈"受到了越来越多的挑战，人类赖以生存的生态系统日趋脆弱。

矿产资源的保护，应该引起我们高度重视。地球矿产资源基本属于一次性资源，是无法再生的，用一点儿就少一点儿。据专家预测，全世界目前已探明的可采石油储量、天然气储量和煤炭储量仅可供人类使用200—

300年。至于一些主要金属和非金属矿产，也只可使用几百年。如果按照目前的开采速度而不加以控制的话，地球上的大多数矿产资源都将很快消耗枯竭。更何况这些资源有的遭到越来越严重的乱挖乱采，其直接后果是破坏植被，土地沉陷，地下水位下降，还频频引发山洪、泥石流、地震等自然灾害。

土地资源的现状也不乐观。全世界现有的可用耕地约占地球陆地总面积的10%。由于人类活动的原因，世界土地资源的数量和质量正在不断下降。主要表现在：土壤的肥力下降，土壤盐碱化、沙化、沼泽化和受农药化肥污染的情况日益严重。全世界可利用的土地资源正在锐减。2013年1月4日，《人民日报》头版头条报道了发生在武汉赫山的"毒地"事件，重金属污染土地最深达9米。世界各地土地污染事件屡见不鲜。

被污染的土地

水资源状况同样非常严重。人类对水的需求量与日俱增。全世界1975年用水量为3万亿立方米，1994年为4.3万亿立方米，2000年为7万亿立方米。有人预测，2030年以后，世界水资源将供不应求。2050年，亏水缺口2300亿立方米。目前，全球80多个国家约15亿人口面临淡水不足，其中26个国家的3亿人口完全处于缺水状态。更为严重的是，水污染令人触目惊心。据粗略统计，全世界河流稳定量的40%受到污染，有的国家受污染的地表水高达70%。

地球空气状况也岌岌可危。地球上的二氧化碳参与动植物的代谢循环，大体保持着消长的动态平衡。可是自人类进入工业化阶段起，由于矿物燃料的燃烧、砍伐森林等原因，二氧化碳的含量正在以令人不安的速度增长着。据专家测定，现在空气中二氧化碳的浓度比工业化开始时的19世纪初的二氧化碳浓度增加了33%。专家预言，如果不采取措施减少碳排放，今后150年，二氧化碳浓度将为今天的3—5倍。那时气温将升高10℃多，两极冰雪融化将使海平面上升，热浪将袭击人类。我们头顶上20—48千米处，是环绕着地球的臭氧层。臭氧层能够吸收掉太阳辐射到地球上99%的紫外线，是地球的天然屏障。然而，由于大气污染加剧，特别是氯氟烃等气体侵蚀臭氧层，导致臭氧层变薄，如果不加以控制，臭氧层终有一天会从地球上消失。值得庆幸的是，近些年来，臭氧层的问题已经大为好转。

生物圈也在遭到不同程度的破坏。生物圈健康运行的标志是能够实现良性循环和均衡发展。但人类在工业化、城市化过程中对自然界的掠夺性开发、环境污染、生态破坏等因素对生物种群繁衍带来巨大威胁，如江河闸坝影响鱼类洄游，兴修铁路、公路使野生动物栖息环境碎片化，工业废水排放和化肥农药的施用使生物失去正常繁衍能力或产生畸形等。更有一些不良之徒对野生动物进行大肆猎杀和侵害，致使许多珍稀动物濒临灭绝，生物的多样性遭到破坏。

更令人不安的是，人类对自然生态中的微生物、细菌、病毒的生长环境横加干涉，致使一些危害人类健康的微生物、细菌、病毒在人体、动物体内或者实验室里产生变异，给人类生存环境带来不确定性。特别是一些高危细菌、病毒，在一些实验室里被培养、合成而产生变异，而变异毒株一旦泄漏出来，其后果犹如打开潘多拉魔盒，有时根本无法控制。

例如，2020年以来在全球范围爆发的新型冠状病毒感染，截至2022年9月30日，全球已致6.14亿人感染，700多万人死亡。新冠病毒的传播为什么这么凶

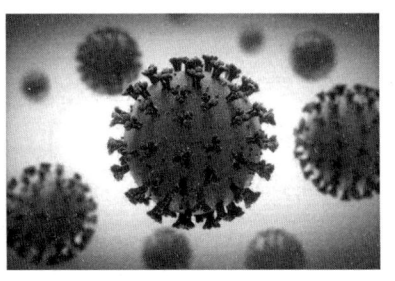

肆虐全球的新型冠状病毒

猛？许多有识之士认为，这种病毒的产生可能有人为的因素，美国德特里克堡的病毒试验室难脱干系。据美国世界新闻网报道，2019年8月，德特里克堡试验基地被美国政府紧急关闭，基地内研究项目全部停止，美国疾病控制和预防中心（CDC）取消了德特里克堡对包括埃博拉、天花和炭疽等高致命性病毒研究的"特许代理人"许可证。[1] 该基地是否为新型冠状病毒"COVID-19"的研究单位？是否发生病毒泄漏问题？令人生疑。巧合的是，2019年10月18日—27日，美军运动员来到中国武汉参加第七届世界军人运动会，其中有5名运动员在运动会期间因发热住进了武汉金银潭医院。2020年春节前，新冠病毒开始肆虐武汉。在随后的几年里，美国成为确诊新冠病毒感染最多的国家。不管此次疫情暴发是不是美国生物武器试验的一次意外，它都告诫我们：人类非理性的行为，一定会遭到自然界的惩罚，甚至会招致难以意料的灾难。

地球并不强壮，甚至有些脆弱。人类生存环境并不优越，根本经不起折腾。人类在追求发展的同时，需要切实保护地球环境。人类需要找到一条可持续发展的道路。1972年，以研究环境和发展问题著称的"罗马俱乐部"发表了《增长的极限》报告，提出"若世界按照现在的人口和经济增长以及资源消耗、环境污染趋势继续发展下去，那么我们这个星球迟早将达到极限进而崩溃"。同年，联合国在斯德哥尔摩召开人类环境研讨会，会上首次有人提出了"可持续发展"的概念。1983年，联合国成立世界环境与发展委员会，进行专题规划与研究。该委员会于1987年发表报告《我们共同的未来》，正式将"可持续发展"定义为"既能满足当代人需要，又不对后代人满足其需要的能力构成危害的发展"。此后，可持续发展成为国际社会的共识。

1992年，联合国在巴西里约热内卢召开环境与发展大会，通过了以可

---

[1] 参见《美国疾控2019年8月关闭德特里克堡生物实验室》，搜狐网，2020年3月2日。

持续发展为核心的《里约环境与发展宣言》等文件，被称为《地球宪章》。2002年，联合国又在南非召开可持续发展问题世界首脑会议，通过了《约翰内斯堡执行计划》。2012年，各国首脑再次聚会里约热内卢出席联合国可持续发展大会峰会，重申各国对可持续发展的承诺，并发表了《我们憧憬的未来》宣言书。

中国从斯德哥尔摩会议开始就参加了可持续发展问题的历次重要国际会议，并在其中发挥了重要作用。1994年，中国发表了《中国21世纪议程——中国21世纪人口、环境与发展白皮书》，此后，历届中央领导人把可持续发展确定为国家基本发展战略，并且付诸实践，取得了明显成效。

地球资源有限，地球文明要实现可持续发展，人类要使自己的文明发展得更好和更久远一些，实现资源共享是必由之路。资源整合和共享之路没有历史可以参照，但有趋势和规律可以遵循。当今世界发生的几个新变化让我们看到了全球资源共享的希望。

第一，地球资源属于全人类的观念正在形成。人类可开发和利用的资源分布很不均匀，气候条件也各不相同。人类文明发展到今天，越来越多的人认识到，战争和掠夺是非常不文明的行为，它对资源而言具有不可持续、浪费甚至破坏的性质。国与国之间资源分布不平衡，有的国家丰富，有的国家贫乏，这不能成为战争的理由。在现代条件下，资源和产品完全可以通过平等交换和自由贸易的方式实现互通有无。世界经济格局正在向开放、包容、普惠、平衡、共赢的新型经济全球化转变。

第二，人生而平等、人权基本保障正在成为人们的共识。过去列强国家热衷于领土扩张，把"拓土开疆"作为最高追求，他们在占领别国疆土的同时，还无偿地获得了当地的人口和劳动力，并且把掠夺来的人口和劳动力当作奴隶来使唤。现在情形不同了，联合国宪章最基本的原则就是人生而平等，人权应当得到基本保障。如果现在强国还把征服弱国的人口当作奴隶来使唤，就会遭到世界舆论的谴责甚至其他国家的讨伐。

第三，传统的国家利益观受到颠覆。瞬间万里、天涯咫尺的全球化传导机制把人类居住的星球变成了"地球村"，各国利益的高度交融使不同国家成为一个共同利益链条上的一环。任何一环出现问题，都可能导致全球利益链中断。如气候变化、环境污染、传染病流行、网络攻击事件、难民潮等问题，虽然出现在个别国家，但很有可能波及国际社会。既然人类已经处于"地球村"中，全球的利益也就是自己的利益，全球的问题也就是自己的问题，任何国家都不可能独善其身。在这样的背景下，人们对共同利益有了新的认识，传统的国家利益观受到质疑。

资源共享的大趋势，将使地球资源得到更合理的利用，科学技术得到更快发展，产品将更加丰富，人们将有更多的自由从事自己喜爱的工作。越来越多的国家将在医疗、教育、住房、交通、食品、用品等方面逐渐实现免费制，或者实行按需分配。

地球保护和资源共享，是地球文明发展的基本要求。地球文明发展的更高要求，是更高效地开发利用地球上可持续利用的资源，进而开发利用地球以外的星际资源，创造令人神往的星际文明。

让我们珍惜地球吧！让地球回归她美丽的模样吧！地球已经不能再承受人类的打击与伤害了。大自然已经敲响了警钟，污染环境、糟蹋资源将使人类付出无法挽回的惨重代价。人类只有一个地球，爱护地球就是爱护自己。如果人类还不能幡然醒悟，后悔的将是我们自己！

第二节　人类命运共同体

人类共存于一个地球，各国共处于一个世界。自产生阶级以来，人与人之间的争斗从未间断，国与国之间的战争从未停歇。这种争斗和战争给人类带来的苦难刻骨铭心。直到现在，世界并不太平，兵戎相见时有发生，强权政治阴魂不散，发展鸿沟仍在扩大，恐怖袭击此起彼伏。其实，这种争斗和战争之所以发生，都是因为各国各个群体站在自己的角度看问题，顾及的仅仅是自己的利益，没有站在地球整体的角度看问题，没有把人类当作一个利益整体来对待。

当今世界充满不确定性，人们对未来既寄予期待又感到困惑。一方面，世界已经形成政治多极化、经济全球化、文化多样化和社会信息化格局，各国间的联系和依存日益加深。另一方面，人类面临诸多共同的挑战：世界经济增长乏力，金融危机阴云笼罩，粮食不安全、资源短缺、气候变化、网络攻击、难民危机、环境污染、重大传染性疾病、跨国犯罪等全球性问题持续蔓延。这世界怎么了？今后的道路怎么走？这是整个世界都在思考的问题。

在这样的背景下，中国响亮地提出了"构建人类命运共同体"的新理念、新主张。进入21世纪，中国发布《中国的和平发展》白皮书，提出要以"命运共同体"的新视角，寻求人类共同利益和共同价值的新内涵。

2012年11月，中国共产党第十八次全国代表大会报告明确提出"要倡导人类命运共同体意识"。习近平总书记在就任后第一次会见外国人士就表示："国际社会日益成为一个你中有我、我中有你的命运共同体。"

2015年9月，在第七十届联合国大会上，习近平主席重申："我们要继承和弘扬联合国宪章的宗旨和原则，构建以合作共赢为核心的新型国际关系，打造人类命运共同体。"

2017年1月18日，习近平主席在联合国日内瓦总部发表了题为《共同构建人类命运共同体》的主旨演讲，全面阐述了人类命运共同体的构想。庄严宣示："让和平的薪火代代相传，让发展的动力源源不断，让文明的光芒熠熠生辉，是各国人民的期待，也是我们这一代政治家应有的担当。中国方案是：构建人类命运共同体，实现共赢共享。"

2018年12月18日，习近平总书记在庆祝改革开放40周年大会上的讲话中指出："我们积极推动建设开放型世界经济、构建人类命运共同体，促进全球治理体系变革，旗帜鲜明反对霸权主义和强权政治，为世界和平与发展不断贡献中国智慧、中国方案、中国力量。"

短短的5年时间里，习近平在公开场合60多次提到"人类命运共同体"，之后有过多次的系统阐述与补充，足见"构建人类命运共同体"是习近平自始至终深入思考和反复强调的重大问题。它承载着中国对建设美好世界的崇高向往和不懈追求，反映了中国领导人对事关人类前途命运问题的深切关注，体现了中国智慧、中国方案和中国力量，具有无与伦比的感召力，受到了国际社会特别是广大发展中国家的普遍欢迎和衷心拥护。

2017年2月10日，联合国社会发展委员会将"构建人类命运共同体"

正式写入联合国决议。3月17日，又将其载入安理会决议。3月23日，再将其载入联合国人权理事会决议。表明这一思想已经得到国际社会的广泛认可。

中国提出构建人类命运共同体，源自中华文明历经沧桑而又始终不变的天下主义情怀，是几千年中华文明在当代的继承、创新和发展。

构建人类命运共同体的总体目标可以归纳为：建立平等相待、互商互谅的伙伴关系；营造公道正义、共建共享的安全格局；谋求开放创新、包容互惠的发展前景；促进和而不同、兼收并蓄的文明交流；构筑尊崇自然、绿色发展的生态体系。[1]

"人类命运共同体"的理念和主张，作为习近平新时代中国特色社会主义思想的重要组成部分，内涵博大精深，集中体现为以下五个重要观点：

主体平等观　人类命运共同体的概念超越了种族、文化、国家与意识形态的界限，突破了过去以阶层划分人类的传统思维模式。习近平指出："大小国家相互尊重、一律平等是时代进步的要求，也是联合国宪章首要原则。任何国家都没有包揽国际事务、主宰他国命运、垄断发展优势的权力，更不能在世界上我行我素，搞霸权、霸凌、霸道。"[2] 习近平在多个场合强调，国家只有大小之别，没有高下之分；文明只有特色之别，没有优劣之分。国家之间应坚持"拉手"而不是"松手"，坚持"拆墙"而不是"筑墙"。应以联合国宪章宗旨和原则为基础，建立平等、协商、合作的国际关系。

共同利益观　人类命运共同体的关键词是"共同"。习近平提出："靠

---

[1]　参见颜利、唐庆：《习近平人类命运共同体思想的深刻内涵与时代价值》，人民网，2017年12月12日。

[2]　《习近平在联合国成立75周年纪念峰会上的讲话》，中华人民共和国中央人民政府网站，2020年9月22日。

冷战思维，以意识形态划线，搞零和游戏，既解决不了本国问题，更应对不了人类面临的共同挑战。我们要做的是，以对话代替冲突，以协商代替胁迫，以共赢代替零和，把本国利益同各国共同利益结合起来，努力扩大各国共同利益汇合点，建设和谐合作的国际大家庭。"① 必须摒弃过去那种损人利己或零和博弈的思维模式。秉承只有义利兼顾才能义利兼得、只有义利平衡才能义利共赢的理念，坚持走和平发展、合作共赢的道路，做到你中有我，我中有你，互惠互利，合作共赢。

和平世界观 目前，全球存在近200个国家政府与地区权力机构。各个国家与地区历史发展不同，出现了各种各样的政治体制，存在多种意识形态，经济文化发展不平衡，各种利益争夺、权利博弈造成了各种矛盾纠纷不断，武装冲突频频发生。习近平提出："任何国家都不能随意发动战争，不能破坏国际法治，不能打开潘多拉的盒子。核武器是悬在人类头上的'达摩克利斯之剑'，应该全面禁止并最终彻底销毁，实现无核世界。要秉持和平、主权、普惠、共治原则，把深海、极地、外空、互联网等领域打造成各方合作的新疆域，而不是相互博弈的竞技场。"② "构建人类命运共同体"的基本要求是要走和平发展的道路，全世界各国人民结成最广泛的国际统一战线，化干戈为玉帛，变导火索为橄榄枝，最大限度地减少和消除战争对人类安全造成的威胁，维护世界和平。

全球治理观 在全球化的背景下，应对纷繁复杂的全球性问题和局部性问题，客观上要建立和完善全球治理机制。过去西方霸权式的治理理念、体系和模式，越来越难以适应新的国际格局和时代潮流，各种弊端积重难返，问题成堆。习近平强调："单边主义没有出路，要坚持共商共

---

① 《习近平在联合国成立75周年纪念峰会上的讲话》，中华人民共和国中央人民政府网站，2020年9月22日。
② 习近平：《共同构建人类命运共同体——在联合国日内瓦总部的演讲》，《人民日报》2017年1月20日。

建共享，由各国共同维护普遍安全，共同分享发展成果，共同掌握世界命运。"①他主张各国政府本着"共同参与、求同存异、包容发展、权责共担"的原则，寻求各方利益的最大公约数，国际规则由各国共同书写，全球事务由各国共同治理，世界命运由各国共同掌握，推动全球治理朝着更加公平合理的方向发展。

和谐自然观 构建人类命运共同体，必须坚持人与自然和谐共生。习近平明确指出："大自然是包括人在内一切生物的摇篮，是人类赖以生存发展的基本条件。大自然孕育抚养了人类，人类应该以自然为根，尊重自然、顺应自然、保护自然。不尊重自然，违背自然规律，只会遭到自然报复。自然遭到系统性破坏，人类生存发展就成了无源之水、无本之木。我们要像保护眼睛一样保护自然和生态环境，推动形成人与自然和谐共生新格局。"②和谐自然观主张人类必须依循、遵从、顺应自然规律和自然法则，各国联手应对气候和环境变化，走生态文明建设之路，实现全球可持续发展，共同保护好人类赖以生存的地球家园。

中国提出构建人类命运共同体，具有划时代的重大意义。

第一，彰显中国智慧、中国方案、中国力量。在世界面临不稳定性、不确定性和许多严峻挑战的形势下，中国提出构建人类命运共同体的理念，被国际社会广泛接受，且正式写入联合国相关文件和决议，这是中国为当今世界的和平与发展提供的独具中国智慧的解答方案。在一些大国极力推行利己主义、单边主义和强权政治的背景下，中国倡导构建人类命运共同体，预示着中国日益走近世界舞台中央，承担起大国责任和担当，将对世界格局产生重大而深远的影响。

第二，促进世界和平与发展。和平、和睦、和谐的理想追求深深植根

---

① 《习近平在联合国成立 75 周年纪念峰会上的讲话》，中华人民共和国中央人民政府网站，2020 年 9 月 22 日。

② 《习近平在"领导人气候峰会"上的讲话》，新华网，2021 年 4 月 22 日。

于中华民族的精神世界之中，深深融化在中国人民的血脉之中。历史上，中国曾经长期是世界上最强大的国家之一，但没有留下殖民和侵略他国的记录。今天，中国坚决摒弃冷战思维和强权政治，倡导构建人类命运共同体，表明了自己永不称霸、永不扩张、永不谋求势力范围的和平情怀。这一思想将有力促进全球和平与发展。

第三，揭示人类社会的发展趋势。人类社会发展到今天，经历了无数次斗争与反复，但总体趋势是从排斥走向共存、从野蛮走向文明。构建人类命运共同体，揭示人类社会发展的客观规律，顺应了当今世界和平发展、合作共赢的时代潮流，指明了人类社会发展的前进方向。它必将深刻影响人类社会的前途命运，让这个世界变得更加繁荣和美丽。

第四，提出新型全球化的路径。构建人类命运共同体的主张不但提出了理念，而且提出了一系列实现这一主张的路径。如反对强权政治、摒弃冷战思维，求同存异、包容发展，协商对话、合作共赢，交流互鉴、共建共享等具体路径。循着这条路径，一个新的全球观将成为各国的共识，一个全新的国际政治经济新秩序将逐步形成。

在庆祝中国共产党成立100周年大会上，习近平总书记在雄伟的天安门城楼上向全世界庄严宣告："以史为鉴、开创未来，必须不断推动构建人类命运共同体。和平、和睦、和谐是中华民族5000多年来一直追求和传承的理念，中华民族的血液中没有侵略他人、称王称霸的基因。中国共产党关注人类前途命运，同世界上一切进步力量携手前进，中国始终是世界和平的建设者、全球发展的贡献者、国际秩序的维护者！"[①]这就是中国在促进世界文明进步伟大事业中宣告的鲜明态度和坚强决心！

地球人类作为文明一族，目前发展水平处于初级阶段，需要重新审视自己，总结经验教训，解决好现时问题，探索未来的发展之路。全球190

---

① 习近平：《在庆祝中国共产党成立100周年大会上的讲话》，《求是》2021年第14期。

多个国家、70多亿人口的出路在哪里？地球文明的近期归宿在哪里？迈向人类命运共同体，这是中国领导人、中国人民给出的精彩答案！

地球只是宇宙间的一个村落。地球人类的统一是地球进入星际文明的前提和基础，是地球上一群天天吵吵嚷嚷打打闹闹的孩童长大和成熟的标志，是地球人类文明发展到一定阶段的一个突破。到那个时候再回过头来看，现时的联合国、欧盟、非盟、东盟、上合组织等国际组织，都是走向地球人类统一的萌芽与过渡现象。

如果将地球比作一艘大船，190多个国家就是这艘大船的一个个船舱。新的航程即将开启，随着不同文明主体兼容并蓄、交流互鉴、深度融合，承载着全人类共同命运的"地球"号必将乘风破浪，浩荡前行！

第三节　跨入星际文明新时代

地球文明能够发展到什么程度？本书在第一章提到的关于宇宙文明的"卡达谢夫标度"虽然无法验证，但把它看作宇宙文明、地球文明的发展方向是没有问题的。

问题是，宇宙与地球的主客观条件能让地球文明发展到哪一步？我们甚至可以设想，现在已知的玛雅文明，还有亚特兰蒂斯文明等，它们在进化中也有可能有一个快速发展的时期，并且也有可能已经进化到比我们已知的文明高得多的程度，甚至他们早已离开地球移居他方，甚或他们没有离开我们而在另一个维度存续，只是我们人类根本没办法察觉得到。但是就我们的认知能力来看，他们确实是消失了。

恩格斯早在《自然辩证法》指出："但是，'一切产生出来的东西，都一定要灭亡'。也许会经过多少亿年，也许会有多少万代生了又死；但是无情地会逐渐到来这样的时期。……而地球，一个象月球一样的死寂的冻结了的球体，将在深深的黑暗里沿着愈来愈狭小的轨道围绕着同样死寂的太阳旋转，最后就落到它上面。"[①] 人类有能力使地球不毁灭吗？有能力使太阳系不毁灭吗？有能力使我们所在的宇宙不发生大坍缩或者大爆炸吗？都不可能。人类无法改变宇宙法则，也不可能改变自然规律。在宇宙自然规律面前，我们必须清醒地认识以下三点：

第一，地球终将毁灭。从宇宙进化史的角度来看，任何一个恒星从形成到兴盛再到衰落都是有生命周期的。一般都会经历一个由主序星到红巨星到白矮星的过程。适宜生命生存的"宜居时间周期"都是有限度的。太阳系已经存在了50亿年，地球围绕太阳转已经46亿年。再过50亿年，太阳随着核聚变反应的进程，将逐渐变为红巨星，然后，太阳会像其他恒星一样，演变为红矮星、白矮星，直至坍缩为致密而冷寂的中子星。这就决定了地球一定会发生大灾变，地球环境注定不再适宜生命生存。地球最后的命运可能是被太阳吞并，与太阳残骸融为一体。太阳系一些较边远的行星，可能将脱离太阳系漫游在深深的黑暗里。而银河系也会演变，甚至银河系存在的这一部分宇宙也会演变成另外一番景象。这就是地球的结局。这是不以人的意志为转移的客观规律，是注定无法避免的悲壮结局。

其实，更大的可能是在地球毁灭之前，人类早就毁灭了。因为在地球毁灭之前，人类能够生存多久存在很大的变数。本章第一节开头列举的人类灭绝的十种可能，并非危言耸听。英国物理学家霍金曾经对未来有一个预言。2012年，霍金在70岁生日前夕参加了英国广播公司的节目，他在谈及有关世界末日的问题时表示：在未来1000年内，人类会因某场大灾难而毁灭，比如核战争或者温室效应。人类"末日说"其实并不新鲜，但出自霍金这样一位重量级科学家之口，那就不得不认真思量了。也有英国科研人员在《天体生物学》杂志报告说，如果没有小行星撞击等可能剧烈改

[①] 《马克思恩格斯选集》第3卷，人民出版社1972年版，第458页。

变环境的事件发生，地球适宜人类居住的时间还剩约17.5亿年，但是，各种人为的和非人为的因素可能缩短这一时间。对于生命演化史而言，各种残酷的变数对人类命运来说是生死攸关的考验。

第二，人类逃避灭亡是可能的。按照事物发展的多样性原理，人类文明消亡和湮灭也不是绝对的。如果人类能够在地球毁灭之前就离开地球，或者人类在灭顶之灾来到之前就找到了有效办法扭转乾坤，人类就有可能逃避灭亡的命运，地球文明就有可能得到延续。这就要求地球文明得到足够发展，达到进入"自由王国"的高级文明。

这种可能性是存在的。一方面，人类日趋聪明和成熟，过去积累的智慧成果和文明结晶，使人类获得了从未有过的适应自然、改造自身的能力，获得了卓越的思维优势和创造禀赋。这就为人类继续进化和避免毁灭提供了可能。另一方面，人类还有不算短的时间，尽管有不少关于世界末日的预言，但都不是说末日近期就会到来。不管是几百年、几千年、几万年还是更长期限，人类还是有时间来提高自己应对诸如资源短缺、气候变化、地质灾害、重大疫情、小行星来袭等自然变故的能力，有时间来制定防止人类毁灭的行动方案，有时间来发展人类在宇宙星际间迁徙生存的能力。例如，中国北京天文台制订了"施密特CCD小行星巡天计划"，用来预测和发现对地球具有潜在威胁的近地小行星。人类文明发展的速度只会越来越快，甚至超乎人们的想象。

第三，人类避免灭亡时间的长短，取决于人类自身的努力。人类总是想方设法让劫难和毁灭来得更晚一些。这就对人类提出了三点要求：一是要有科学的预判。早预判一天，战胜劫难的可能性就增加一分；晚预判一天，遭到毁灭的可能性就增加一分。二是要有充足的信心。哪怕有百分之一的希望，就要做百分之百的努力。三是要有积极的准备。对即将到来的劫难，人类要积极发展自己战胜劫难的能力，特别是要整合全人类的力量，齐心协力去强壮自己。这样，人类就有可能躲避重重危机，逢凶化吉，绝处逢生，直至创造宇宙的奇迹。美国资深天文学家赛斯·肖斯塔克（Seth Shostak）认为，人类文明正面临发展瓶颈，如果能突破这个瓶颈，就可以走上文明发展的快车道。

地球文明的车轮滚滚向前，正在跨入一个新时代。人类面临着提升精神世界、促进生命进化、建设大同世界、跨入星际文明的崇高使命。

人类在跨入星际文明的旅途中，要构建和谐世界，实现全球一体化。人类真的不能再斤斤计较于个人和局部利益，不能再去相互伤害和残杀。哪怕是互相敌对、互相防备或发生局部的战乱，也会造成人类的互相损伤和资源的加速消耗，人类就根本没有精力和实力去考虑和从事进入星际化生存的大问题。比如，当前全球的国防总开支每年在12000亿美元以上，如果能够将其中的一半即6000亿美元用于对月球与火星的探索开发，人类对月球与火星的情况掌握与资源利用进度就会比现在快得多。特别是现在核武器的发展已经到了利剑高悬的程度，如果真的发生世界核大战，人类自身难保，地球文明大倒退，遑论发展星际文明。因此，推进地球文明的核心条件是必须持续淡化彼此之间的思想敌意与认识差异，不断增强地球人类社会成员间的"横向认同感"，凝聚起全人类的向心力，从而实现彻底的全球一体化，向着星际文明进发。

人类在跨入星际文明的旅途中，要实施自身基因改造，延长寿命。长生不老一直以来都是人们的理想。中外古代多少帝王孜孜不倦地到处寻求

人类开发星际资源

长生不老药,有的帝王甚至因为吞下宫廷方士炼制的长生不老金丹反而一命呜呼。如今要迈向星际文明的新征程,延长人类的寿命成为必要条件,而现代科技的飞速发展,使人的寿命延长成为可能。长生不老不代表不死,只

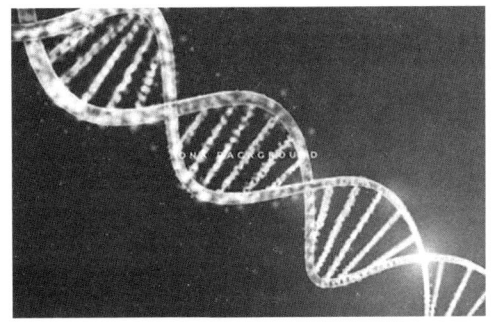

基因改造,延长寿命

是要达到将来在各种情况下都有足够长时间生存的能力。人类完全可以通过自身基因改造、破解生命衰老密码、完善器官修复机制来延长人的寿命。例如:对灯塔水母等长生不老物种的基因进行解码分析,对人类端粒酶和干细胞的基因进行重新编组,对多物种生长负熵保护和修复机制进行研究,对人类隐性DNA基因密码进行解码和激活,等等。通过这些研究找到对策,使人类寿命值延长,从而为人类星际旅行和交流提供保障。

人类在跨入星际文明的旅途中,要勇于创新,加快科学技术的超前突破。在迈向星际文明的过程中,发展外层航天科技是必由之路。在科技攻关的道路上,有无数艰难险阻,但只要人类最大限度地发挥潜能,勇于攀登险峻的山峰,勇于穿过弥漫的雾障,就一定能够破解未知的领域,走出科学的迷宫。人类要向外层空间发展,一定要加强对宇宙时空学、星际天文学、能量物理学的深度研究,重点在星际种群资源识别、星际磁频脉冲理论、量子力学超距离影响、超导磁场环境下的核聚变反应控制、电磁作用在时间熵值和空间熵值中的转换、时空维度及虫洞现象、超光速物质及暗物质、惰性超电磁材料、多维光频的分频振动原理、奇点超级电容和负磁多相位转换、负磁子与反质子在耦合反应中的共振现象、生物基因编码技术、多维时空信息传输技术、四维超距位移研究与应用、磁熵能量转换问题、电磁超悬浮机制等尖端理论和技术上组织攻关,实现新突破。

人类在跨入星际文明的旅途中,要注重灵性修养,提升精神境界。精

神道德危机阻碍着人类文明进步。地球文明进入了一个万年未遇的大转轨时期，面临着从源头上重构人类新文化、新文明的历史使命。中国尊崇几千年的"天人合一"思想，包含着科学而深沉的合理内核。人是显性基因和隐性基因的结合体。灵性建立在隐性基因的基础上。随着灵性的提升，人类可能追溯到生命在宇宙间的进化信息，可以感知平行宇宙的物种和能量。人类的心智层面也将达到一个新的高度，对宇宙的认识将达到一个新水平。

人类在跨入星际文明的旅途中，要开放星际思维，同宇宙文明友好联通。人类科学界一直盼望和外星生命联通，盼望可以通过感悟、神会甚至幻觉进行"视频"对话，盼望得到关于时空、维度、暗物质、暗能量等问题的真正答案。其实，外星高智慧生命可能一直离我们不远。从提示到警告，从帮助到拯救，他们用心良苦，而我们却一无所知。地球人类的思维模式还停留在荒蛮原始、戒备敌视的阶段，我们还在津津有味地欣赏着诸如《星球大战》之类的好莱坞电影。在这种情形下，外星高智慧生命是不屑于同地球人接触的。人类只有彻底转变自己的思维模式，开放星际思维，加快宇宙语言的学习和研究，才有可能有朝一日建立起同星际文明、宇宙文明的沟通。

这是一场和时间的长距离赛跑。真正的科学家既不能用盲目乐观去安慰人类、松懈人类的努力，也不能用消极悲观去涣散人心、放弃人类的努力。人类不能把一切寄托于不可知的力量上，而是应该实事求是地发现人类前途命运的多种可能，全力以赴去争取美好的可能、避免糟糕的可能。

科幻作家、电影《流浪地球》原著作者刘慈欣在接受媒体采访时说："人类接下来的最大困难在于人类向地球之外的开拓精神被消磨掉——被技术带来的安乐窝、舒适生活消磨掉。如果人类对太空失去兴趣，多么繁荣的社会都维系不了。地球环境迟早会出现巨大变化，而这种变化不一定是人为的。如果人类不向外开拓，短时间可以，按照万年的时间尺度看，人类会遭遇灭顶之灾。"① 也有的报刊刊登了不少关于人类进化已经停止的看法。如在21世纪初,英国爱丁堡皇家学会举行了主题为"进化是否已终结"的辩论会,会上有专家提出"人类的进化已经停止"的观点。英国《观察报》对此专题进行了报道。

电影《流浪地球》剧照

好在人类已经看到了自身的不足,看到了正在到来和即将到来的风险,正在努力地改变自己。现在,人类文明也面临着前所未有的有利时机:全球经济、政治、文化一体化条件日臻成熟,人类的物质文明与精神文明正在向协调发展的方向转变,封闭文明正在向开放文明转变,蒙昧文明正在向科学文明转变,人类的大爱意识逐步觉醒。人类将摆脱自我蒙昧和各种错误观念的束缚,迎来地球文明新时代的曙光。

当今世界,谁能参透世界之本质,谁就能引领下一个世界。美国是当今世界唯一的超级大国,但它不能约束自己,盛气凌人、唯我独尊,使得其他国家包括它的盟国都觉得它领导世界是不称职的,美国的经济和金融政策也遇到了越来越多的问题。而中国的经济发展正呈现出无与伦比的向好态势,特别是中国领导人的治理理念和人文精神正受到越来越多其他国家领导人的赞扬。中国文化在21世纪将产生越来越大的影响,中国注定

---

① 参见《搜狐新闻网》2018年11月12日报道:2018年11月8日,由亚瑟·克拉克基金会主办的克拉克奖颁奖典礼及晚宴在美国华盛顿西德尼哈曼剧院举办。刘慈欣获2018年度克拉克想象力服务社会奖。晚宴活动前,刘慈欣接受了财新记者专访。

将在全世界发挥越来越大的作用。

人类应该有足够的信心迎接新时代的到来，这是自古以来多少圣贤伟人追求的理想。历史的重任落到了我们这一代人的肩上，我们责任神圣、使命光荣。

新时代脚步铿锵有力，新时代气象风起云涌。从现在开始，人类就要加倍努力，转变思维模式，提升精神境界，让整个人类社会充满祥和、自在、安宁。终有一天，人类可以自由进出太阳系，向太空发展以获得更大的活动空间，进而向银河系其他远方星球涉足，正式成为宇宙文明的一员。

觉醒吧，我们的地球同胞！五大洲团结起来，完成地球文明向星际文明的过渡。振奋起百倍的精神，为地球新时代到来而奋发！

参考书目

[1] [宋] 刘歆等著，赵君秋主编：《山海经校注（插图版）》，北方妇女儿童出版社2011年版。

[2] [东晋] 干宝：《搜神记》，何意华等译注，重庆出版社2008年版。

[3] [德] 古斯塔夫·施瓦布：《希腊神话故事》，艾英译，北岳出版社2012年版。

[4] [瑞士] 埃里希·冯·丹尼肯：《众神的战车》，谢维译，辽宁人民出版社1981年版。

[5] [瑞士] 埃里希·冯·丹尼肯：《以宙斯的名义》，于晨译，金城出版社2012年版。

[6] [美] J.道格拉斯·凯尼恩编撰：《被禁止的历史》，周子玉译，江苏人民出版社2011年版。

[7] [美] 帕特丽夏·科莉：《被禁止的知识：天才学者揭露科学与意识终极奥秘的大胆对话》，徐冬姐译，江苏文艺出版社2013年版。

[8] [美] 莫瑞斯·查特兰：《美国宇航局核心科学家承认：远古外星人改变了人类基因和文明》，蒲雯玥译，江苏文艺出版社2012年版。

[9] [美] 莱莉斯·琪恩：《人类是外星人的试验品？》，林婉华译，中国友谊出版公司2013年版。

［10］［英］吉姆·艾尔-哈利利：《悖论：破解科学史上最复杂的9大谜团》，戴凡惟译，中国青年出版社2014年版。

［11］孙进己、干志耿：《文明论——人类文明的形成发展与前景》，黑龙江人民出版社、人民出版社2011年版。

［12］盛洪：《为万世开太平——一个经济学家对文明问题的思考》，北京大学出版社1999年版。

［13］刘仰：《中国没有榜样》，人民日报出版社2009年版。

［14］中共中央宣传部：《习近平新时代中国特色社会主义思想三十讲》，学习出版社2018年版。

［15］李卫东：《外星人就在月球背面》，重庆出版社2009年版。

［16］任中原编著：《人类神秘现象大全集》，中国华侨出版社2012年版。

［17］李小满：《宇宙未解之谜》，人民日报出版社2011年版。

［18］林南：《仙女是外星人吗——仙女传说溯源》，江西人民出版社2013年版。

［19］《国家地理系列》编委会编：《全球100文明奇迹》，蓝天出版社2008年版。

［20］中国社会科学院历史研究所：《简明中国历史读本》，中国社会科学出版社2012年版。

［21］《世界科技简史》编写组编：《世界科技简史》，世界图书出版公司2010年版。

［22］徐惟诚总编：《中国大百科全书（简明版）》，中国大百科全书出版社2004年版。

［23］袁正光主编：《领导干部科普知识全书》，改革出版社2000年版。

后 记

在经历了许多不眠之夜之后，拙作终于完成。我感觉我的身体与精神都得到了一次炼狱般的熬炼。不是长长地松了一口气的那种感觉，而是做了一份考卷等待考官评判的期待。写书是苦差事，费力耗时伤脑筋不说，很多时候费力不讨好。尤其在信息爆炸、读物汗牛充栋的情况下，人们生活节奏很快，在日常生活中更倾向于接受短平快的信息，或者更喜好接受视频、图像等感官的刺激，以至于现在人们对读书有一种天然的抵触。可能你千辛万苦写出的书，压根儿就引不起别人的兴趣，白白浪费你的心血，白白浪费社会资源。但是，在我的内心深处，始终有一种强烈的预感，现在呈现给大家的这本书，可能是一本人人心中有、人人笔下无的书，可能是一本正好是适应社会和时代需要、帮助读者实现选择性阅读的书。因为这本书既有新鲜的观点，也有海量的信息，能够较好地满足一部分读者既想关心身外大事，又不想花费太多时间的心理。这种想法支撑着我写作这本书。

很多朋友知道，2013年，我写了一本书《仙女是外星人吗——仙女传说溯源》，由江西人民出版社出版。2015年，该书获江西省委宣传部、江西省社联、江西省新闻出版广电局、江西出版集团联合评选的"第五届江西省优秀社科普及读物"。此外，这本书还被列入江西省中小学校图书馆馆配图书，受到读者欢迎。从那时起，我就有了再写一本关于传承全球文明传统、提升人类文明素质方面的书的想法，并开始收集和研究有关资料。2019年初，由科幻作家刘慈欣的作品拍成的电影《流浪地球》在全国上映，用科幻文学的形式表达了"人类只有一个地球，命运休戚与共"

的主题。这促成了我立即动手来写作这本书的冲动。我想，人们在欣赏文学作品和电影的同时，更需要了解地球文明的来龙去脉，更需要去思考当今世界文明发展中存在的问题，更需要从每个人做起，共同推进全球文明的进程。

谁知真正开始写作了，才发现这个选题实在太大了，大到足以让我觉得横亘在面前的是一座座不可逾越的高山。在艰难的写作过程中，我一次次停笔关机，只想放弃。就像李白当年写下《行路难》的诗句"停杯投箸不能食，拔剑四顾心茫然"一样。正在我进退两难之时，新冠病毒感染在全球爆发！全人类面临一场生死存亡的严峻考验，而造成恶果的敌人竟然是比细菌还小N倍的新型冠状病毒！在居家隔离期间，我进一步意识到：人类并不强壮，地球并不强大，人类却还在受热战、冷战思维模式的左右，还在持续地互相攻击、争斗、倾轧。甚至有人还在研制生物战武器，利用细菌和病毒攻击对手，压倒对方。这次疫情使我油然而生一种加快写作此书的紧迫感：地球文明走向何方的问题已经到了需要全体地球公民引起重视、加强认识的时候了！人类需要提高文明素质已经成为全世界的当务之急！大到一个国家，小到一个人，都面临提高文明素质的问题。这是解决许多问题的根本，也是关乎人类生死存亡的大问题。所以从一定意义上说，是这次疫情给了我继续写作此书的动力。

开卷有益。《地球密码：文明的来路和去途》既是作者个人思想观点的主观表达，又是一本知识普及型的大众读物。书中涉及了天文、地理、文史、科技、政治、经济、文化等方方面面的内容。对书中涉及的所有内容，作者都认真对待，不敢有丝毫马虎，甚至以敬畏之心待之，并尽量做到以简短的篇幅展现较多的内容。在观点表达上，不求无懈可击，只求自圆其说，只要你觉得讲得有一定道理就行。在语言表达上，不求华丽深奥，只求通俗易懂，只要你能够感受到阅读的畅快就行。你在阅读此书的过程中，可能会有一种跳出凡尘、超然物外的感觉，好像在进行一次宇宙

后 记

时空穿梭之旅、一次地球历史文化回顾之旅。当你读完此书，你不能完全接受书中的观点不要紧，甚至有些观点你反对也不要紧，只要你在阅读这本书的时候，能感觉些许阅读的收获，这就是作者的期望所在。你能够把阅读此书当作一次视野的开拓、知识的梳理，或者仅仅是一次资料的存查，作者都会为此感到欣慰。

这本书的写作和出版，得到江西省新余市委原常委、新余市委宣传部原部长，现吉安市委常委、吉安市委宣传部部长李瑞峰，江西正邦集团有限公司董事长林峰，江西冠奥机电设备有限公司总经理江绍勇，广西东盟大健康研究中心执行主席、"非草非木"天然养生品牌创始人杨为成等同志的支持和鼓励。农工党江西省主委、江西省科学技术协会主席史可同志对此书给予高度评价并撰写了序言。江西姚建律师事务所主任姚建同志担任本书的法律顾问，江西网络广播电视台焦锦涛同志担任本书的宣传顾问。当代中国出版社的编辑同志进行了认真的编辑，明翊书业进行了精心排版设计。在此向他们表示衷心的感谢！

本书的写作，参考了有关书籍、资料，采用了一些媒体发布的图片，也要向这些资料和图片的提供者表达谢意！作者尤其感谢有些业内人士对文明问题所做的诸多探索，并欢迎在相关问题上多加联系和深入探讨。某些图片未能联系到原作者，也欢迎来电来信联系，以便酬谢。

由于作者水平所限，书中不足和错谬之处在所难免，还望读者批评指正，不吝赐教，以期今后改进。

林　南

2022年10月29日于新余寒舍